W0191208

# HIER WÄCHST DIE HOFFNUNG!

Christa Pöppelmann

# HIER WÄCHST DIE HOFFNUNG!

## Von der Laubenkolonie zum Guerilla-Garten

Bibliografische Informationen der Deutschen Nationalbibliothek
Die Deutsche Nationalbibliothek verzeichnet diese Publikation in der
Deutschen Nationalbibliografie; detaillierte bibliografische Daten
sind im Internet über *http://dnb.d-nb.de* abrufbar

Copyright © 2012 Gerstenberg Verlag, Hildesheim
Alle Rechte vorbehalten
Komplettproducing: twinbooks, München (Jennifer Künkler, Simone Steger)
Drucker: TBB, a. s., Banská Bystrica
Printed in the Slovak Republic
ISBN 978-3-8369-2738-3

# Inhaltsverzeichnis

# Einführung
## Grünes Paradies für jedermann

*Darauf pflanzte Gott, der Herr, einen Garten in Eden gegen Osten und versetzte dorthin den Menschen, den er gebildet hatte. Und Gott, der Herr, ließ aus dem Erdboden allerlei Bäume aufsprießen, lieblich zum Anschauen und gut zur Nahrung.*

Genesis 2,8–9

SCHON IN DER BIBEL beginnt die Geschichte der Menschheit in einem Garten, in einem Lustgarten voller Pflanzen und Tiere, den Adam und Eva unbeschwert genießen können, während unsichtbare Kräfte für die Instandhaltung sorgen. Die Realität unterscheidet sich hiervon leider grundlegend.

Die Geschichte des (sesshaften) Menschen begann mit dem Ackerbau. Einer Tätigkeit, die härter und mühevoller als das Jagen und Sammeln war, aber aufgrund geänderter Klimabedingungen nötig geworden. Wann die ersten Gärten entstanden, ist nicht exakt nachgewiesen. Aber warum die Menschen begannen, einen Garten anzulegen, verrät uns schon die Herkunft des Wortes. In den meisten Sprachen bedeutet Garten ursprünglich „das Eingezäunte" oder „das Bewachte". Die deutsche Bezeichnung „Garten" etwa leitet sich von den Gerten (biegsamen Zweigen) ab, aus denen früher Einfriedungen geflochten wurden. Sie ist verwandt mit der Garde, die ein Anwesen bewacht, mit dem englischen „Yard" (Hof) und dem skandinavischen „Gard" (Bauerngut, aber auch Burg). Im lateinischen „hortus" steckt dieselbe Wurzel wie im gehorteten Schatz, die auf Kostbares, Verborgenes hinweist. Und auch das altpersische „Pairidaeza" bedeutete ursprünglich „das Eingezäunte", es wurde zum Namensgeber aller Paradiesgärten. Was hinter dem Gartenzaun heranwuchs, war also von Anfang an etwas Besonderes. Nicht Grundnahrungsmittel wie Getreide und Hülsenfrüchte, die auf dem Acker gezogen wurden, sondern kostbare, pflegeintensive Kulturen, die eines besonderen Schutzes bedurften. Mit den Gärten hielt erster bescheidener Luxus, das Nicht-Lebensnotwendige, Einzug im Leben der Bauern. Beispielsweise Gemüse, das, auch hier verrät es wieder bereits das Wort, zum faden Getreidemus als schmackhafte Beilage gereicht wurde.

*Das Gemälde „Der Sündenfall" von Lucas Cranach d. Ä. von 1537 illustriert den Beginn der Menschheitsgeschichte mit Adam und Eva und einem Garten.*

*Gartenzeichnung aus der Teseida von Boccaccio, um 1470* Doch die Geschichte des Gartens wird schon bald von anderen Dingen als von Obst und Gemüse oder von Kräutern und Gewürzen bestimmt. Denn was könnte man sich in den heißen und trockenen Regionen des Nahen und Mittleren Ostens, in denen der Gartenbau seinen Anfang nahm, wohl Verlockenderes und Schöneres vorstellen als frisches Grün, Schatten spendende Bäume und kühles Wasser? In den Überlieferungen des Alten Testaments werden paradiesische Verhältnisse mehrfach so umschrieben: Jedermann kann bei seinem Weinstock und unter seinem Feigenbaum in Frieden leben.

Das kleine grüne Paradies für jedermann war schon früh in der Geschichte keine Selbstverständlichkeit. Die ersten Quellen aus den alten Hochkulturen Ägyptens und Mesopotamiens erzählen mehr von den Lustgärten der Reichen als vom Hausgarten der einfachen Bevölkerung. Bereits damals verhinderten die Wohnverhältnisse und mangelnder Grundbesitz, dass sich die Mehrheit der Bewohner den Luxus eines eigenen Gartens leisten konnte. In den europäischen Bauernkulturen sah es anfangs etwas besser aus. Doch auch in Europa stand am Ende einer Jahrhunderte dauernden gesellschaftlichen Entwicklung weg von der traditionellen Land- hin zur modernen Stadtbevölkerung für die meisten Menschen der Verlust ihrer Hausgärten. Erst im 19. Jahrhundert formierten sich die Anfänge einer Kleingartenbewegung, um für Abhilfe zu sorgen.

Aber was ist eigentlich ein Kleingarten? Nicht jeder liegt zwangsläufig in einer Kleingartenkolonie und wird von einem Kleingartenverein verwaltet. Eine Laube ist kein Muss, Gartenzwerge schon gar nicht und auch der Nutzgartengedanke ist in manchem modernen Kleingarten eher unpopulär. Verglichen mit vielen Hausgärten moderner städtischer Reihenhaussiedlungen ist der klassische Kleingarten zudem meist ziemlich groß. Eines jedoch verbindet alle sogenannten Kleingärten: Sie sind für Menschen, die über keinen – oder allenfalls einen unzureichenden – Hausgarten verfügen, oft die einzige Möglichkeit, sich ihren Traum vom eigenen grünen Paradies zu verwirklichen.

Am Anfang der Kleingartenbewegung standen vielfach Mäzene, die durch die Verteilung von Gartenparzellen die Not der Ärmsten lindern wollten. Doch es gab auch immer wieder gartenlose Menschen, die selbst aufbegehrten und Anspruch auf ihr eigenes Stück Land erhoben. Einen weiteren Aufschwung erfuhr die Idee der Kleingartenbewegung in Kriegs- und Notzeiten, hier konnten durchaus der eigene Garten und seine Produkte über Leben und Tod entscheiden.

Noch vielfältiger als die unterschiedlichen Wurzeln sind die Triebe des Kleingärtnertums. In immer mehr Ländern entstehen Kleingartenvereine und Gartenkolonien. Daneben entwickeln sich aber auch ganz neue Formen: Interkulturelle Gärten etwa, soziale Gartenprojekte, sogar die „Besetzung" städtischen Brachlands mit Sonnenblumen und Kohlköpfen prägen das neue Bild der Gartenbewegung und führen die historischen Traditionen in eine lebendige Zukunft. Die Sehnsucht nach dem eigenen grünen Paradies treibt stetig neue Blüten und verspricht spannend zu bleiben. Denn:

*Das Leben beginnt an dem Tag, an dem man einen Garten anlegt.*

Aus China

Hinweisschild auf die Kleingartensiedlung Wilhelmstrand e. V. in Berlin

# KAPITEL 1

Nicht allein das Privileg
der Semiramis

# Die Entwicklung des Nutzgartens von der Antike bis zur Neuzeit

# Grüne Oasen und fruchtbare Flussufer in der Wüste

## Die Wiege der europäischen Gartenkultur im Nahen Osten

*Gewähre, dass ich ein- und ausgehe in meinem Garten, dass ich mich kühle in seinem Schatten, dass ich Wasser trinke aus meinem Teich jeden Tag, dass ich lustwandle am Ufer meines Teiches ohne Unterlass, dass meine Seele sich niederlasse auf den Bäumen, die ich gepflanzt habe.*

Ägyptisches Totenbuch

VOR ÜBER 5000 JAHREN entstanden in Ägypten und Mesopotamien, dem heutigen Irak, die ersten Hochkulturen der Menschheit. Beide kannten bereits eine ausgeprägte Gartenkultur. In ägyptischen Papyrusrollen werden bereits rund 500 unterschiedliche Nutzpflanzen aufgeführt, die meisten davon typische Gartenfrüchte. Sie zeugen von einer damals schon nahezu 8000 Jahre andauernden Agrargeschichte. Diese hatte um 11.000 v. Chr. mit der gezielten Aussaat nahrhafter Wildgräser im sogenannten Fruchtbaren Halbmond begonnen. Dieser erstreckt sich bogenförmig von der östlichen Mittelmeerküste über die Hänge des Taurus-Gebirges im Norden (heute Syrien und Türkei) entlang der Westausläufer des Zagros-Gebirgszuges (heute Iran) bis an den Persischen Golf. Nach und nach wurden auf den Äckern, vor allem aber auch in den Gärten immer mehr Pflanzen kultiviert. Die gezielte Anpflanzung von Apfelbäumen hat beispielsweise vor etwa 8500 Jahren in der Türkei ihren Anfang genommen, während man vor 7000 Jahren im Iran die ersten Weinstöcke kultivierte. Die Anfänge vieler anderer Kulturpflanzen liegen im Dunkeln der Geschichte verborgen, da sich der züchterische Erfolg anfangs nur sehr langsam einstellte und es für die Archäologie nur sehr schwer nachvollziehbar ist, bis wann eine Nahrungspflanze nur wild gesammelt wurde und wann man begann, sie anzubauen und ihre Eigenschaften sukzessive zu verbessern.

*Harfenist in den Gärten des Sennacherib auf einem Relief des Südwest-Palastes von Ninive, Mesopotamien (dem heutigen Irak)*

Ägypten und Mesopotamien, am Nil und im Zweistromland zwischen Euphrat und Tigris gelegen, die Keimzellen der kulturellen Entwicklung des Orients, lagen nicht innerhalb des Fruchtbaren Halbmondes. Beide Länder verfügten

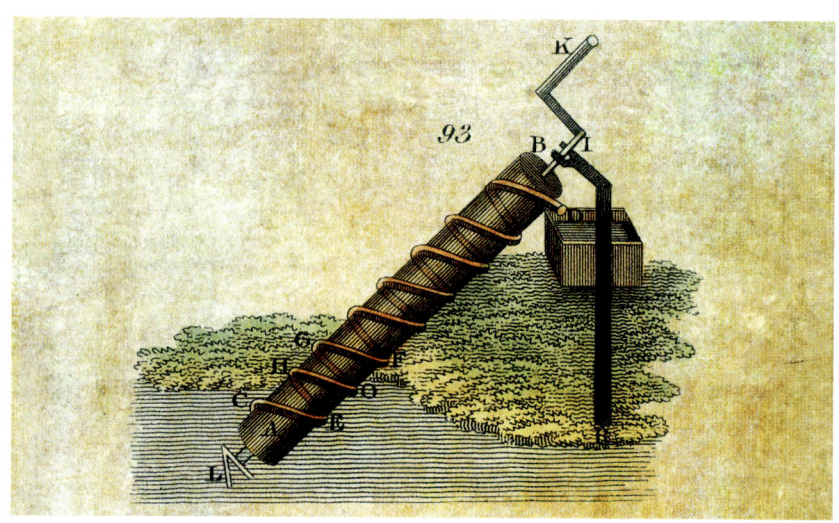

*Skizze einer Archimedischen Schraube, die Wasser von einer Ebene in eine nächsthöhere Ebene befördern kann*

### JOCH UND SCHRAUBE

Die Bewässerung der ägyptischen Gärten war ein Knochenjob. Davon erzählt eine Textpassage aus der Lebenslehre des Cheti, eines Schriftstellers aus der 12. Dynastie um 1800 v. Chr.: „Der Gärtner trägt ein Joch; seine Schultern sind wie vom Alter gebeugt. Er hat so viele Geschwüre auf seinem Nacken, dass dieser einer eitrigen Wunde gleicht." Später erfand man dann das Schaduff, einen langstieligen Hebel mit Gegengewicht, der das Schöpfen von Wasser aus den tiefer liegenden Kanälen erheblich erleichterte, und im 3. Jahrhundert v. Chr. konstruierte der berühmte Mathematiker Archimedes, damals Student in Alexandria, die Archimedische Schraube, mit der sich das Wasser vergleichsweise mühelos nach oben „kurbeln" lässt.

eigentlich über keine idealen Voraussetzungen für Acker- und Gartenbau. An den Ufern der großen Flüsse war die Gefahr von Überschwemmungen groß, das Hinterland dagegen war heiß und trocken. Als aufgrund der immer besser werdenden Ernährungssituation die Bevölkerungszahl in den klimatisch günstigeren Küsten- und Bergregionen stieg, waren die Menschen des Nahen Ostens gezwungen, auch diese Gebiete zu besiedeln. Und sie fanden eine Lösung, sich dort zu behaupten. Die großen Flüsse wurden eingedämmt und ein ausgedehntes Netz von Kanälen und Speicherbecken zur künstlichen Bewässerung der Felder und Gärten angelegt. Eine solch komplexe Mammutaufgabe war jedoch nur von einer gut organisierten Gemeinschaft zu bewältigen. Aus einem engen sozialen Miteinander erwachsen aber oft ganz eigene Dynamiken. So auch hier. Sowohl in Ägypten wie in Mesopotamien entstanden sehr differenzierte, hierarchisch geordnete, verstädterte Gesellschaften, die von Arbeitsteilung, lebhaftem Handel, systematischer Verwaltung, aufblühender Wissenschaft und einem regen Kulturleben geprägt waren. Eine solche Ordnung hatte auch Schattenseiten. Eine davon war, dass sich die Macht – und dazu gehörte ganz wesentlich auch die Verfügung über Grund und Boden – bald in der Hand einer kleinen

Oberschicht konzentrierte. Ob es in diesen Gesellschaften Gartenland im Besitz einfacher Leute gegeben hat, ist deshalb zweifelhaft.

**Privileg der Götter und Könige**

Die frühesten Zeugnisse einer ausgeprägten Liebe zum Garten stammen aus dem alten Ägypten. Der Garten war dort bereits all jenes, was er auch heute noch ist: eine Nutzfläche zum Anbau von Obst und Gemüse, aber zugleich auch Ort der Muße und Erholung, eine grüne Oase voll gezähmter Natur und ein dankbares Objekt, um gestalterisch tätig zu werden. Gartenland war jedoch in Ägypten äußerst rar. Das fruchtbare „schwarze Land" wurde alljährlich zwischen Juli und Oktober vom Nil überschwemmt. Der zurückbleibende Schlamm war ein guter Dünger für den Ackerbau, doch Gärten mit mehrjährigen Kulturen konnte man im Schwemmland nicht anlegen. An das Schwemmland schloss sich jedoch fast nahtlos das „rote Land", die Wüste, an. Trotz unwirtlicher geografischer Gegebenheiten unternahmen die Ägypter große Anstrengungen, in den Randbereichen zwischen rotem und schwarzem Land oder gar in der Wüste selbst ihre Gärten erblühen zu lassen.

Wer aber kam in den Genuss solcher Gärten? In erster Linie die Götter. Man muss sich die Tempel der Ägypter umgeben von üppigen Gärten vorstellen. Auch die Prozessionsstraßen waren von Bäumen gesäumt. Daneben verfügten die Tempel über ausgedehnte Ländereien, die intensiv bewirt-

*Das ägyptische Bewässerungsgerät Schaduff auf einem Acker in Medinet Habu*

schaftet wurden. Mit Bestimmtheit gehörten hierzu auch Küchengärten, in denen Obst und Gemüse für Speiseopfer angebaut wurde, die aber auch zur Versorgung des Tempelpersonals, das Tausende von Menschen umfassen konnte, dienten. Es ist sogar sehr wahrscheinlich, dass die Tempelanlagen kommerziellen Acker- und Gartenbau betrieben und mit den Erlösen ihren Kult finanzierten.

Des Weiteren haben sich die Könige und andere Mitglieder der Oberschicht Gärten um ihre Totentempel und Pyramiden anlegen lassen, um diese dadurch mit ins Jenseits nehmen zu können. Am Tempel der Pharaonin Hatschepsut (15. Jh. v. Chr.), im trockenen und unfruchtbaren Talkessel von Deir el-Bahari, hat man bis zu zehn Meter tiefe gemauerte Gruben gefunden, die mit Nilschlamm gefüllt und mit Bäumen bepflanzt worden waren. In einer Inschrift rühmt sich die Pharaonin, Weihrauchbäume aus Punt (wohl in Somalia oder Eritrea) nach Ägypten gebracht zu haben. Wer sich so etwas nicht leisten konnte, ließ wenigstens die Wände seines Grabes mit Gärten bemalen oder bekam ein kleines Modell von einem Garten mit ins Grab gelegt. Wer einen Garten mit ins Jenseits nehmen wollte, besaß höchst wahrscheinlich bereits im Diesseits einen. Die archäologischen Spuren zeugen von kunstvollen Palastgärten bis hin zu kleinen Hausgärten. Aber auch Letztere gehörten wohl eher den wohlhabenden Bürgern.

### Heiliger Salat

Obwohl man bereits eine große Vielfalt an Gemüsepflanzen kannte, sind auf den ägyptischen Malereien nur Zwiebeln und Lattich dargestellt. Das hat damit zu tun, dass der Lattich, der Vater aller heutigen Salatsorten vom Lollo rosso bis zum Eisbergsalat, als Aphrodisiakum und heilige Pflanze diverser Fruchtbarkeitsgötter galt.

Dank der Grabmalereien ist uns ein ungewöhnlich lebhaftes Bild vom idealen ägyptischen Garten überliefert worden. Er ist von hohen Mauern umschlossen und hat meist ein repräsentatives Eingangstor (Pylon), aber auch einen Zugang vom Haus her. Den Mittelpunkt bildet immer ein Wasserbassin, das idealerweise Fische, Enten und Lotosblüten beleben. Gesäumt waren diese künstlichen Teiche von Bäumen. Schatten spendende Pflanzen waren im heißen und waldlosen Ägypten ein absolutes Muss. Die Maulbeerfeige (Sykomore) galt in Ägypten sogar als heilig. Daneben waren Tamarisken, Akazien, Dum- und Dattelpalmen sowie Granatapfelbäume verbreitet. Die Bäume standen meist in Reih und Glied, wie überhaupt die Gärten streng formal und ohne jede geschwungene Linie angelegt waren. Schließlich hatte sich Ägypten der Maat, der rechten Ordnung, verschrieben, die Göttin und oberstes Lebensprinzip zugleich war.

Doch die Gärten des alten Ägypten dienten nicht nur dem lustvollen Flanieren unter Palmen. Auf den Grabmalereien des Alten und Mittleren Reiches sind immer auch Gemüsebeete zu sehen, die ebenfalls ordentlich parzelliert und eingefasst sind.

*Relief mit einer Göttin in einem Sykomorebaum, die einem Verstorbenen und seiner Frau Wasser zur Reinigung reicht*

In den Gräbern des Neuen Reiches (ab etwa 1550 v. Chr.) verschwanden die Gemüsebeete dann aus den Gartendarstellungen. Stattdessen wurden bevorzugt idyllische Obsthaine abgebildet. Dazu finden sich Inschriften wie: „Du lustwandelst ohne Aufhören am Ufer deines Teiches. Dein Herz erfreut sich an deinen Bäumen und erfrischt sich im Schatten deiner Maulbeerfeigen." Ein Vergnügen, von dem die Mehrheit der Ägypter wohl ausgeschlossen blieb.

Ganz ähnlich muss man sich die Situation in Mesopotamien vorstellen, obwohl die Zeugnisse hier weniger reichhaltig sind. In den Städten des Zweistromlandes, das haben Ausgrabungen ergeben, war gar kein Platz für Gärten. Allenfalls können die Bewohner ein paar bepflanzte Töpfe aufgestellt haben. Das kultivierte und bewässerte Land um die Städte herum wurde seit alters her als Eigentum des jeweiligen Stadtgottes angesehen und erst durch dessen Priesterschaft, später durch den König verwaltet. Dass einfache Menschen Gartenparzellen besaßen, ist deshalb kaum wahrscheinlich. Vermutlich wurde das Gartenland verpachtet und von Gärtnern bestellt. Auf Bildern und Reliefs sind vor allem Palmenhaine dargestellt. Doch der Speisezettel der Menschen an Euphrat und Tigris war äußerst abwechslungsreich. Es muss also auch umfangreiche Nutzgärten gegeben haben. Wahrscheinlich befanden sich die Beete vielfach sogar unter den Palmen, die mit ihrem Schatten die empfindlicheren Kulturen vor der Sonne schützten.

VIELFALT IM GARTEN

In Mesopotamien wurden außer Getreide und Hülsenfrüchten hauptsächlich Zwiebeln, Knoblauch, Porree, Kohlrabi, Fenchel, Gurken, Mangold, Salat, Radieschen, Kresse, Minze, Majoran, Thymian, Koriander, Kardamom, Kümmel, Senf, Ingwer, Safran, Oliven, Mandeln, Pistazien, Johannisbrot, Sanddorn, Mispeln, Maulbeeren, Feigen, Granatäpfel, Äpfel, Birnen, Quitten, Kirschen, Pflaumen, Weintrauben und vielleicht sogar schon Zitronen angebaut.

Doch auch Mesopotamien kannte nicht nur den Nutz-, sondern ebenfalls den Lustgarten. Im Gilgamesch-Epos (um 2000 v. Chr.) ist das Paradies als Garten beschrieben. Mit großer Wahrscheinlichkeit besaßen die Könige Palastgärten. Darüber hinaus konnten die Reichen vermutlich Gartenland vor den Toren der Stadt pachten und dort ihren eigenen Lustgarten, eventuell sogar mit Sommerresidenzen, anlegen. Doch das ist Spekulation. Für konkrete Aussagen sind die archäologischen Spuren zu dürftig.

## Gärten für Europa

*Außerhalb des Hofes nahe dem Tor ist ein großer Garten, etwa vier Morgen groß, mit einer Mauer umgeben. Er ist voll von wunderbaren Bäumen – Birnen, Granatäpfel und die köstlichsten Äpfel. Da sind auch saftige Feigen und Oliven in vollem Wachstum.*

Aus der Odyssee von Homer (wohl 9. oder 8. Jh. v. Chr.)

Aus dem Nahen Osten gelangte das landwirtschaftliche sowie das gärtnerische Wissen nach Europa. Man übernahm
nach und nach Gartentechniken, Gestaltungsprinzipien,
aber auch die Kulturpflanzen aus Asien. Nur ein geringer
Teil dessen, was heute an Obst und Gemüse auf unseren
Tellern landet, hat seine Ursprünge in unseren Breiten. Gurken etwa stammen vermutlich aus Vorderindien, Spinat aus
dem Iran, Karotten aus Afghanistan, Pfirsiche aus China,
Süßkirschen aus dem Kaukasus. Den größten Beitrag zur Vielfalt auf dem
Speisezettel leisteten der Nahe Osten und das östliche Mittelmeergebiet.

*Szene aus dem Gilga-
mesch-Epos: der nackte
Held Gilgamesch, wahr-
scheinlich im Kampf mit
zwei Stieren und einem
Löwen*

Die ersten Europäer, die eine eigene Gartenkultur entwickelten, waren die
Griechen. Im Gegensatz zu den städtischen Gesellschaften an Nil, Euphrat
und Tigris war das antike Griechenland ländlicher geprägt. Deshalb existierten dort wohl reichlich Kleingärten in Gestalt von bäuerlichen Hausgärten. In den griechischen Städten war allerdings kein Platz für so etwas. Zwar
hatte das typische griechische Stadthaus einen Innenhof, aber es gibt keine
Hinweise darauf, dass diese Höfe bepflanzt waren. In erster Linie dienten
sie dem Lichteinfall, denn die Häuser hatten keine Fenster. Bäume hat man
dort mit Sicherheit nicht gepflanzt.

Einer Personengruppe wurde es hingegen gestattet, in der Stadt große
Gärten anzulegen: den Philosophen. Aristoteles und Platon beispielsweise unterrichteten ihre Schüler in Akademien, die von ausgedehnten Parks

umgeben waren. Epikur (341–271 v. Chr.) erhob seinen Garten sogar zum philosophischen Prinzip. „Lebe im Verborgenen", riet er seinen Schülern und meinte damit nicht nur, dass sie nicht nach Macht und Reichtum streben sollten, sondern auch, dass sie sich mit Gleichgesinnten in ihre Gärten zurückziehen und dort ein bescheidenes, aber glückliches und friedliches Leben führen sollten. Benannt nach dem Garten, in dem sich der berühmte griechische Philosoph mit seinen Schülern traf, wurde seine Schule auch als Kepos (griech. Garten) bezeichnet. Über dem Garteneingang soll folgende Inschrift gestanden haben: „Tritt ein, Fremder! Ein freundlicher Gastgeber wartet dir auf mit Brot und Wasser im Überfluss, denn hier werden deine Begierden nicht gereizt, sondern gestillt."

Im antiken Griechenland herrschten demokratischere Strukturen als in den frühen Hochkulturen. Wer Vollbürger einer Kommune war, hatte auch Anteil am Gemeindeland. Die Parzellen wurden unter den Bewohnern ausgelost. Im Prinzip hätte also ein Bürger von Athen vor den Mauern der Stadt seinen Garten bestellen können. Es scheint nur kaum jemand getan zu haben. Das Land im Umfeld der Städte wurde an kommerzielle Nutzgärtner verpachtet. Auch die Tempel verpachteten ihr Gartenland, um damit Gewinn zu erzielen. Es war sogar möglich, die Grabgärten verdienter Persönlichkeiten zu mieten, um dort Gemüse anzubauen. Obwohl sich Pflanzen im antiken Griechenland äußerster Wertschätzung erfreuten, wie allein die Ornamentik an den Gebäuden und Säulen zeigt, verachtete die städtische Bevölkerung die grobe Handarbeit des Gärtnerns und überließ sie wohl zur Gänze Sklaven und Berufsgärtnern.

Ganz anders war es in Rom. Die Römer waren in ihrem Ursprung Ackerbürger mit einem sehr tief gehenden Bezug zu ihrem Land. Gerade die Campagna Romana rund um die Hauptstadt war für ihr Gemüse berühmt, und die Stadt Paestum für Rosen. Die städtische römische Oberschicht lebte vom Ertrag ihrer Landgüter. Andere Erwerbsquellen waren für Patrizier verpönt, und wer sein Gut verkommen ließ, galt als unpatriotisch. Viele reiche Römer waren nicht nur aus Tradition, sondern mit Leib und Seele begeisterte Landwirte und schrieben bedeutende Lehrbücher. Zu ihnen zählten beispielsweise Cato (*De agri cultura*, um 150 v. Chr.), Varro (*Rerum rusticarum libri*, um 36 v. Chr.), Plinius (*Naturalis historia*, um 77 n. Chr.) oder Columella (*De re rustica*, 1. Jh. n. Chr.). Darin finden sich ausführliche Abhandlungen über gärtnerische Geräte, geeignete Dünger, den Nutzen von Hochbeeten, geeignete Mischkulturen zum Eindämmen von Pflanzenkrankheiten, erfolgversprechende Okuliertechniken, ausgeklügelte Drainagesysteme und vieles andere, was Gärtner auch heute noch beschäftigt. In der Kaiserzeit wetteiferten reiche Römer miteinander um gärtnerische Innovationen und trieben großen Aufwand, um neue exotische Obstsorten und Blumen zu züchten. Lucius Licinius Lucullus etwa, der König und Urvater aller Feinschmecker,

*Fresko aus der Villa Vettii in Pompeij mit einem ummauerten Hofgarten*

brachte von seinen Feldzügen im Osten des Reiches die Kirsche und die persische Gartenkunst nach Rom. Bevölkerungsgruppen, die es sich leisten konnten, unterhielten zusätzlich zu ihrem Wohnsitz in den Städten und einer villa rustica, einem Landgut, das vor allem wirtschaftlichen Zwecken diente, auch eine villa urbana, einen luxuriösen Landsitz mit allem städtischen Komfort und repräsentativen Lustgärten, ausgestattet mit Grotten, Höhlen, Statuen, zu Figuren getrimmten Bäumen.

*Rekonstruktion einer Garküche in den Straßen von Pompeji*

Anders sah es bei den weniger Vermögenden aus. Die römischen Bauern steckten in einer Kriese, sie mussten ab dem 2. Jahrhundert v. Chr. um ihre Existenz fürchten, weil sie nicht mehr mit den riesigen, von Sklaven bestellten Landgütern der Reichen konkurrieren konnten. Die meisten gaben auf und behielten nur noch ihre Gärten für den Eigenbedarf. Der Gelehrte Plinius (gest. 79 n. Chr.) jedenfalls bezeichnete Gärten als die Felder des armen Mannes. Dies galt natürlich nicht für die Stadt Rom, wo sich die einfache Bevölkerung nur mit Mühe ausreichend Wohnraum leisten konnte. In kleineren Städten dagegen war die Lage entspannter. Im vom Vesuv verschütteten Pompeji hatten die meisten Häuser wenigstens einen kleinen ummauerten Hofgarten, in dem Blumen- und Kräutertöpfe, Gemüsebeete, ein paar Weinstöcke und Spalierobst an den Wänden ihren Platz fanden. Größere Villen hatten oft drei oder vier Gärten, von denen ein oder zwei als Kü-

### Das Geheimnis der Garküchen

Die Bewohner der großen Mietskasernen in Rom hätten mit Gartenfrüchten wenig anfangen können, da sie wegen der Brandgefahr nicht einmal eine eigene Küche betreiben durften. Sie mussten sich in den sogenannten Garküchen versorgen, die ihren Namen vom Garum hatten, einer billigen fermentierten Fischsauce, die auch einfachsten Gerichten noch eine gewisse Würze verlieh.

chengarten dienten, während die anderen als Lustgärten gestaltet waren. Groß in Mode war damals beispielsweise Illusionsmalerei an den Wänden, die die Gärten größer wirken ließ, oder ein Peristylgarten mit umlaufendem Säulengang, geometrischen Blumenbeeten, beschnittenem Buchs, Statuen und Springbrunnen in der Mitte. Die Provinzstadt im Zentrum des Römischen Reichs beherbergte ferner kommerzielle Gemüse- und Obstgärten, Gartenlokale, in denen man unter Bäumen speisen konnte, und sogar eine Garumfabrik, in der Arbeiter die beliebte Fischsauce im wohltuenden Schatten zahlreicher Feigenbäume produzierten.

*Relief mit einem römischen Obst- und Gemüsehändler aus der ersten Hälfte des 3. Jahrhunderts*

# Die Hängenden Gärten von Babylon

Der berühmteste Garten der frühen Geschichte ist mit Sicherheit der „Hängende Garten" von Babylon, der sogar den Status eines Weltwunders zugesprochen bekam. Glaubt man den antiken griechischen Schriftstellern, dann hat ihn König Nebukadnezar II. im 6. Jahrhundert v. Chr. für seine Frau Amytis anlegen lassen. Amytis stammte aus dem Zagrosgebirge und sehnte sich nach den Bergen und Wäldern ihrer Heimat. Also ließ Nebukadnezar in Babylon ein terassenförmiges Bauwerk errichten und mit Bäumen bepflanzen. Die griechischen Autoren schildern einen quadratischen Säulenbau mit 120 Metern Seitenlänge direkt neben dem Palast. Die Terrassen sollen jeweils fünf Meter hoch gewesen sein und insgesamt etwa eine Höhe von 25 Metern erreicht haben. Um ein Durchdringen der Feuchtigkeit ins Mauerwerk zu verhindern, waren sie mit Bleiplatten ausgelegt. Auf dem Blei befand sich dann eine so dicke Humusschicht, dass bis zu 16 Meter hohe Bäume darin wurzeln konnten. Nebukadnezar, so die Autoren weiter, habe seinen Soldaten den Befehl gegeben, auf ihren Feldzügen alle unbekannten Pflanzen auszugraben und mit nach Babylon zu bringen. Demzufolge waren die „Hängenden Gärten" einer der ersten Botanischen Gärten der Welt. Ihren Namen bekamen sie vermutlich, weil die Kanten der Terrassen mit Hängepflanzen besetzt waren, sodass sich das gesamte Gebilde wie ein begrünter Berg in der Stadt erhob.

### Gab es sie wirklich?

Als der deutsche Archäologe Robert Koldewey 1899 begann, Babylon auszugraben stieß er neben dem Königspalast auf die Überreste eines quadratischen Bauwerks mit Pfeilern, Brunnenschächten und etwas, das als eine Art Bewässerungsaufzug interpretiert wurde. Allerdings war das gefundene Gebäude nur 23 mal 35 Meter groß. Haben die griechischen Autoren also übertrieben? Oder hat Koldewey die Gärten gar nicht gefunden? Sicher ist, dass es derartige Gärten gab. Assyrische Reliefs, die einige Hundert Jahre vor Nebukadnezars Zeiten entstanden, zeigen Palastgärten mit hohen Bäumen, die auf Pfeilern errichtet sind, und auch die assyrischen Könige rühmten sich schon, von ihren Eroberungsfeldzügen zahlreiche unbekannte Pflanzen und Tiere mitgebracht zu haben. Für Letztere ließen sie

*Die Hängenden Gärten der Semiramis in Babylon*

sogar große ummauerte Jagdparks anlegen. Auch diese Parks wurden mit der Schönheit des bewaldeten Gebirges verglichen – ganz offenbar ein Wunschtraum im heißen, trockenen Zweistromland.

### Die Paradiesgärten der Perser
Nur wenige Jahrzehnte nach Nebukadnezars Regierungszeit übernahmen dann die Perser die Macht an Euphrat und Tigris. Auch sie waren große Gartenfreunde. Der griechische Autor Xenophon (4. Jahrhundert v. Chr.) erzählt, die erste Sorge des persischen Königs sei es, in jedem Gebiet, das er besuchte, Gärten anzulegen, „voll mit allen schönen und edlen Erzeugnissen, die die Erde hervorbringt." Xenophon verwendet hierfür zum ersten Mal das Wort „Paradies". Allerdings pflegten die Perser einen ganz anderen Gartenstil als Babylonier und Assyrer. Der typische persische Lustgarten war ein ummauerter, streng formaler Garten, der Wasserbecken und Pavillons enthielt und durch Wege oder Wasserläufe in vier Teile geteilt war.

# Das Erbe des Mittelalters

## Die Tradition der Kloster- und Bauerngärten

> *Denn sie ringen nicht mit der Ergiebigkeit und Ausdehnung des Bodens mit Arbeit, sodass sie Obstpflanzungen anlegten, Wiesen absonderten, Gärten künstlich bewässerten: Nur Getreide wird der Erde abverlangt.*
>
> Tacitus in seiner *Germania* über die Germanen

GANZ SO SCHLIMM, wie Tacitus es schildert, war die Situation jenseits der Alpen wohl nicht. Auch Apfelbäume sowie Kraut und Rüben wurden schon vor den Römern in Mitteleuropa kultiviert. Im Allgemeinen setzte sich der Speisezettel der Bevölkerung aber tatsächlich fast ausschließlich aus Getreide, Fleisch und gesammelten Wildfrüchten zusammen. Die Römer eroberten nicht nur halb Europa, sondern exportierten auch ihr gärtnerisches Know-how. In der späten Antike waren Römerstädte wie Xanten, Köln, Trier oder Mainz von einem Kranz intensiv genutzten Gartenlands umgeben, in dem fast alles angebaut wurde, was auch in römischen Gärten zu finden war. Die Völkerwanderungszeit stellte zwar zwischenzeitlich diese römischen Errungenschaften infrage. Doch weder das Wissen der Römer noch die von ihnen mitgebrachten Pflanzen gingen ganz verloren. Das gärtnerische Erbe wurde vor allem in den Klöstern gepflegt, wo man sowohl über Abschriften der alten römischen Gartenbücher wie auch der medizinischen Werke der Antike verfügte. Die Heilkräutergärten der Klöster waren auch aus diesem Grund die wichtigste Säule für die medizinische Versorgung der Bevölkerung. Die Mönche belebten die antike Gartentradition wieder neu und beschäftigten sich unter anderem mit dem Anbau und der Weiterentwicklung der empfindlichen Nutzpflanzen aus dem Mittelmeerraum oder mit dem Veredeln von Obstbäumen.

*Typisch für das Mittelalter war der Hortus conclusus, ein sogenannter verschlossener Garten, in dem sich die Oberschicht mit Lesen oder anderem Müßiggang die Zeit vertrieb.*

### Die vier Gärten der Klöster

Der um 820 entstandene St. Galler Klosterplan zeigt ein frühmittelalterliches Idealkloster. In diesem Plan sind vier Gärten zu finden. Im Gemüsegarten (hortus) sind lange, rechteckige Beete mit Zwiebeln, Lauch, Sellerie, Koriander, Dill, Schlafmohn, Rettich, Mangold, Knoblauch, Schalotten, Petersilie, Kerbel, Salat (Lattich), Bohnenkraut, Pastinaken, Kohl und Schwarzkümmel vorgesehen. Der Wurzgarten

enedicite domino omnes angeli eius
potentes uirtute qui facitis uerbum
eius ad audiendam uocem sermonu
eius. ps benedic anima mea dno

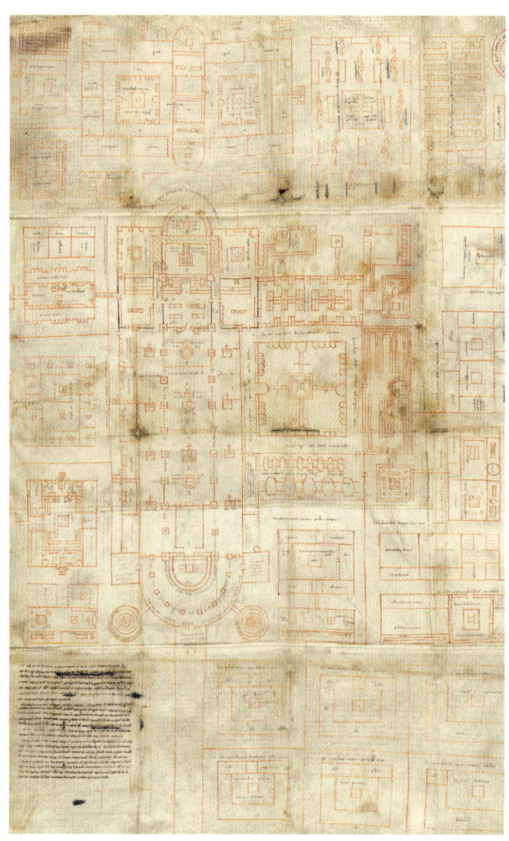

(Gewürzgarten oder Herbularis) befindet sich in der Nähe des Spitals. Er ist von schmalen Beeten eingefasst, auf denen Madonnen-Lilien, Rosen, Augenbohnen, Bohnenkraut, Frauenminze (Balsamkraut), Bockshornklee, Rosmarin und Wasserminze stehen. In der Mitte befinden sich zwei Reihen mit je acht Beeten. Sie sind mit Salbei, Weinraute, Gladiolen, Polei-Minze (Flohkraut), Kreuzkümmel, Kresse, Liebstöckel und Fenchel bepflanzt. Der Obstgarten ist gleichzeitig der Friedhof. Die Grabstätten der Mönche befinden sich auf einer Rasenfläche, die mit verschiedenen Obstarten bepflanzt ist, etwa Äpfeln, Birnen, Quitten, Pflaumen, Pfirsichen, Maulbeeren, Speierling, Mispeln, Feigen, Esskastanien, Haselnüssen, Mandeln, Walnüssen oder Echtem Lorbeer.

*Bauriss des Klosters St. Gallen (Klosterplan), ausgearbeitet um 820 in Reichenau*

Der Obstgarten diente darüber hinaus der Erholung und Meditation, denn zum einen waren die Bäume angenehme Schattenspender, zum anderen galten sie als Symbol für das ewige Leben. Der vierte Garten schließlich, der Kreuzgang, war ausschließlich ein Ort der Meditation. Er befand sich direkt neben der Kirche und war nach dem Vorbild römischer Peristylgärten von einem Säulengang umgeben. Der umschlossene Hof wurde – wie die persischen Paradiesgärten – durch ein Wegkreuz in vier Teile geteilt. In der Mitte befand sich entweder ein Baum oder ein Brunnen.

Selbst Kaiser Karl der Große kümmerte sich um seine Gärten. Er erließ eine Verfügung, wie auf den Krondomänen gewirtschaftet werden sollte („Capitulare de villis vel curtis imperii"). Darin eingeschlossen ist eine Liste von fast 100 Pflanzen, die auf den Gütern angebaut werden sollten. Dazu gehörten jene, die auch im St. Galler Klosterplan erwähnt sind, aber beispielsweise auch Pomeranzen, Pinien, Zuckermelonen, Kichererbsen, Koloquinten, Anis, diverse Lauch- und Minzarten sowie vier verschiedene Apfelsorten (Gosmaringer, Geroldinger, Krevedelle und Speierapfel).

Im 13. Jahrhundert hatte sich der Schwerpunkt dann verschoben. Bei Albertus Magnus setzt sich der ideale Klostergarten nur noch aus einem Kräutergarten und einem Lustgarten zusammen. Letzterer besteht aus einer ummauerten Rasenfläche mit Obstbäumen, Brunnen, Rasenbänken und allerlei Blumen – und zwar solchen, die eine spezielle religiöse Symbolik hatten. Auf den Gemälden des Spätmittelalters ist ein solcher „Hortus conclusus" (verschlossener Garten), auch „Paradiesgärtlein" genannt, oft zu sehen. Meist sitzt die Madonna mit dem Kind inmitten von Engeln und Heiligen im Garten, und jede der dargestellten Pflanzen, ob es Rosen, Veilchen oder Erdbeeren sind, hat eine bestimmte symbolische Aussage, die heute nur noch in Ansätzen zu entschlüsseln ist. Andere zeitgenössische weltliche Motive, beispielsweise die Illustrationen zum beliebten „Roman de la Rose", zeigen, dass sich auch der Adel in ganz ähnlichen Anlagen vergnügte – beim Lesen, Musizieren, aber auch bei erotischen Tändeleien.

## Recht und Pflicht im Bauerngarten

Gärten im Mittelalter waren kein Privileg von Madonnen, Mönchen und Königen. Jedes Bauernhaus hatte seinen Hausgarten. Dort wurden vor allem Gemüse und Kräuter angebaut. Vor allem solches Gemüse, das in und nahe der Erde wuchs wie Kraut und Rüben, galt im Mittelalter als Arme-Leute-Essen. Die Wohlhabenden verschmähten es in der Regel. Der Hauptteil ihrer – nicht gerade gesunden – Ernährung bestand aus Fleisch. Die Armen konnten sich dies dagegen äußerst selten leisten, vor allem weil Jagd- und Fischereiverbote von der Obrigkeit zunehmend stärker durchgesetzt wurden. Sie konnten sich auch kein Salz oder teuer importierte Gewürze leisten. Schon aus diesem Grund waren heimische Kräuter wichtig, um dem eintönigen Essen etwas mehr Geschmack zu verleihen. Obst dagegen spielte in den Gärten keine große Rolle. Apfelbäume waren weit verbreitet, aber empfindlichere, pflege-

*Das Anfang des 15. Jahrhunderts entstandene Gemälde „Paradiesgärtlein" zeigt Maria in einem Hortus conclusus.*

intensive Obstkulturen kamen für die einfachen Leute nicht infrage. Dagegen gehörten Färbepflanzen wie etwa der Waid in den Hausgarten, aber auch Holunder und Wacholder, denen magische Abwehrkräfte gegen das Böse zugeschrieben wurden, und Dach-Hauswurz, von der man glaubte, dass sie vor Blitzschlag schütze.

Diese Bauerngärten des Mittelalters sollte man sich nicht allzu adrett vorstellen. Was heute als Bauerngarten bezeichnet wird, ist eine Mode, die zu Beginn des 20. Jahrhunderts aufkam. Dabei mischte man verschiedene Gartentraditionen: den bunten Gemüse-, Obst- und Blumenmix damaliger Bauerngärten, die Vierteilung durch ein Wegekreuz aus dem klösterlichen Meditationsgarten sowie akkurat geschnittenen Buchseinfassungen, wie sie seit römischer Zeit in den Ziergärten in Mode waren. Die wenigen mittelalterlichen Darstellungen von Nutzgärten zeigen dagegen schlichte Reihen langer Beete, die mit Brettern eingefasst wurden. Diese Bretter waren mit Holzpflöcken befestigt und wurden zum Umgraben im Herbst entfernt. Blumen und andere Zierpflanzen waren nicht vorgesehen, auch wenn es sie gegeben haben mag, wahrscheinlich vor allem entlang des Zaunes.

Leider waren die Hausgärten den Autoren des Mittelalters kaum eine Erwähnung wert. Am ehesten finden sich Beschreibungen noch in Rechtsquellen. Denn für Gärten galt ein besonderer Rechtsschutz. Schließlich befanden sie sich gleich hinter zwei Einfriedungen: dem Dorfzaun und dem Zaun, der die Hütte des Gartenbesitzers umgab. Einfriedungen aber hatten ihren Namen, weil sie einen besonderen Friedensbezirk umgaben. Wer unbefugt in einen Garten eindrang, beging deshalb einen Friedensbruch (analog dem Hausfriedensbruch in der modernen Rechtssprechung) und durfte verprügelt, nachts sogar getötet werden. Auch fremdes Vieh, das in den Garten kam,

*Blick in den Klostergarten mit Heilkräutern auf der Insel Reichenau*

konnte man töten – vorausgesetzt natürlich, die Einfriedung entsprach der allgemeinen Ordnung und war nicht zu schwach oder schadhaft. Und während auf den Feldern die allgemeine Flurordnung galt, die anderen etwa Wegerecht einräumte oder vorsah, dass auf den abgeernteten Feldern alle Tiere des Dorfes geweidet wurden, war in seinem Garten jeder sein eigener Herr. Obwohl arbeitsmäßig die Gärten eher in den Verantwortungsbereich der Frau fielen als in den des Hausherrn.

## Die ersten Kleingärten

Im Spätmittelalter tauchen dann die ersten Kleingärten auf, private Nutzgärten, die nicht direkt beim Haus lagen. Da die Besiedlung immer dichter wurde, war hinter dem Dorfzaun nicht mehr genügend Platz für ausreichend Hausgärten. Also richtete man auf einer nahen Feldflur abgezäunte Gärten ein. In der Regel scheint es sich um einfache Kohl- oder Krautgärten gehandelt zu haben. Auf jeden Fall aber waren sie nur für die Selbstversorgung der besitzenden Familien gedacht. Anders sah es mit den Obst- und Weingärten (Wingerten) aus, die ebenfalls keine Hausgärten waren. Sie gehörten in der Regel dem Grundherrn und wurden von diesem genauso weiter verliehen wie die Felder. Der Obst- und Weingärtner verdiente mit der Bewirtschaftung also seinen Lebensunterhalt, sodass man hier von Berufsgärtnern sprechen kann.

STREIT MIT DEM LIEBEN NACHBARN
Streit über den Gartenzaun hinweg ist keine Domäne der Neuzeit. So regelt etwa bereits der Sachsenspiegel aus dem 13. Jahrhundert, dass man die Zweige seiner Bäume nicht zum Schaden seines Nachbarn über den Zaun wachsen lassen darf beziehungsweise dass der Nachbar ernten darf, was zu ihm herüberwächst. Aborte und Schweinekoben mussten mit drei Fuß Abstand zum Gartenzaun errichtet und Öfen so aufgestellt werden, dass keine Funken zum Nachbarn flogen.

In den Städten verhielt es sich im frühen Mittelalter nicht viel anders als auf dem Land. Die meisten Städte muss man sich wie etwas größere und dichter bebaute Dörfer vorstellen. Zwar gab es dort Bischofspaläste, prächtige königliche Pfalzen sowie eigentlich überdimensionierte Kathedralen, in denen ein Vielfaches der Einwohnerschaft Platz hatte. Darum herum aber gruppierten sich einfachste Häuser mit Strohdach, Lehmwänden – und Garten. Dies begann sich jedoch im 11. Jahrhundert zu ändern. Die Bevölkerung in Europa wuchs enorm und immer mehr Menschen zog es in die Städte. Für die alteingesessenen Bürger wurde es zum lukrativen Geschäft, ihr Gartenland an die Neuankömmlinge zu verkaufen oder zu verpachten. In einer Stadtbeschreibung von London aus dem 12. Jahrhunderts heißt es schon, dass nur noch die Häuser in den Vororten von Gärten mit großen, schönen Bäumen umgeben waren. Im Spätmittelalter waren viele Städte dann extrem dicht bebaut, wie man noch heute in den gut erhaltenen mittelalterlichen Städten wie Rothenburg ob der Tauber sehen kann. Für Gärten war schlichtweg kein Platz mehr. Sie wanderten vor die Tore der Stadt, vollzogen also einen Wandel vom Hausgarten zum Kleingarten. In manchen Städten findet sich heute noch ein Ring von Kleingärten um die alte Stadtmauer.

# Der Hortulus des Walahfrid Strabo

Aus dem *Liber de cultura hortorum* des Walahfrid Strabo stammt folgendes Zitat: „Was für Land du immer besitzest und wo es sich finde, sei's, dass auf sandigem Strich nur Steine unfruchtbar lasten, oder es bringe aus fetter Feuchte gewichtige Früchte … – Nirgends weigert es sich, die ihm eigenen Gewächse zu zeugen, wenn deine Pflege nur nicht ermattet in lähmender Trägheit, nicht sich gewöhnt, zu verachten den vielfachen Reichtum des Gärtners töricherterweise, und nur sich nicht scheut, die schwieligen Hände bräunen zu lassen in Wetter und Wind und nimmer versäumet, Mist zu verteilen aus vollen Körben im trockenen Erdreich."

Der Mann, der das Düngen seiner Gartenbeete in einem Gedicht beschrieb, wurde um 808 in ärmlichen Verhältnissen am Bodensee geboren. Sein Beiname Strabo deutet darauf hin, dass er geschielt hat. Doch trotz dieser Handicaps gelang es ihm, innerhalb der Kirche Karriere zu machen. Er brachte es mit Anfang 20 zum Erzieher der Söhne Kaiser Ludwigs des Frommen und wurde zehn Jahre später Abt des bedeutenden Benediktinerklosters auf der Reichenau. Vermutlich verdankte der junge Walahfrid seinen steilen Aufstieg seiner Dichtkunst. Bereits als 16-Jähriger schrieb er ein Epos, in dem der Mönch Wetti von einem Engel durch die Unterwelt geleitet wird und mit ansieht, wie die einzelnen Sünder bestraft werden – eine frühe Version von Dantes *Göttlicher Komödie*.

Drei Jahre später verfasste Walahfrid ein sehr viel irdischeres Werk, das *Liber de cultura hortorum* (Buch über die Pflege der Gärten), kurz „Hortulus" genannt.

Walahfrid hat nicht nur über Gärten geschrieben, sondern auch selbst gegärtnert und packt in seine Dichtung, was jeder Gärtner kennt: Da muss er „in geräumigen Krügen" ständig Wasser schleppen, „dass nicht die fasrigen kleinen Wurzeln erschlafften vor Durst", teils „Ströme erfrischenden Wassers", teils tropfenweise gießen, „damit nicht in heftigem Schwalle allzu reichliche Fluten verschwemmten keimende Saaten." Trotzdem „verstaubt und verschmachtet" ein Teil, „Regen und Tau entbehrend", während ein anderer nicht gedeiht, „weil hindernd zur Seite hoch eine Wand

den Zugang des feurigen Himmels-
gestirnes ihm neidisch verweigert."
Am Ende aber, so stellt Walahfrid
zufrieden fest, „hat doch mein Garten von dem, was man einst ihm
vertraute, nichts ohne Hoffnung
auf Wachstum untätig im Boden
verschlossen."

Stolz stellt er seine Ernte vor
und preist die Heilkräfte von
24 Kräuter-, Gemüse und Blumen-
arten, die er gezogen hat: So heißt
es etwa über den Sellerie: „Zwar ist
in unseren Gärten der Sellerie billig
geworden und es meinten wohl

viele, er tauge höchstens zur Speise.
Dennoch bietet aus eigener Kraft er
zahlreiche Mittel wirksamer Hilfe.
Denn wenn seine Samen zerrieben
du einnimmst, soll, wie man sagt,
dies die quälenden Leiden der
Blase beheben. Isst man jedoch ihn
selbst mit dem zarten Trieb, so ver-
daut er Reste von Speisen, die noch
im Innern des Magens rumoren.
Wenn den Tyrannen des Körpers
würgender Brechreiz belästigt,
trinke man Sellerie gleich mit her-
bem Essig und Wasser, dann wird,
vom sicheren Mittel besiegt, die
Übelkeit weichen."

*Die Kirche St. Georg auf der Insel Reichenau im Bodensee*

# Privileg der Reichen

## Die Gärten in der frühen Neuzeit

*Wo nur ein leerer Platz zu finden ist, soll die Kartoffel angebaut werden, da diese Frucht nicht allein sehr nützlich zu gebrauchen, sondern auch dergestalt ergiebig ist, dass die darauf verwendete Mühe sehr gut belohnt wird.*

Aus dem sogenannten Kartoffelbefehl
Friedrichs des Großen vom 24. März 1756

IN DER FRÜHEN NEUZEIT bekamen viele Städte einen zweiten Mauerring, der einen wirksamen Schutz gegen die modernen Feuerwaffen bieten sollte. Gärten wurden nun oftmals zwischen den beiden Befestigungsringen angelegt. In Hannover etwa markiert heute noch die Gärtnerkirche St. Marien die Lage des einstigen Gärtnerviertels zwischen Stadtmauer und Landwehr. Allerdings entstanden immer weniger Kleingärten. Schließlich war die Stadtmark, das Stadtgebiet außerhalb der Tore, in der Regel zum größten Teil im Besitz weniger alteingesessener, reicher Familien, die wenig am Anbau von Kohlköpfen und Salat interessiert waren. Aber auch für die einfachen Familien war es meist wirtschaftlicher, sich ganz dem eigenen Beruf zu widmen und die nötigen Nahrungsmittel auf den immer größer werdenden städtischen Obst- und Gemüsemärkten einzukaufen, als eigenes Gartenland zu pachten. Deshalb wurde der größte Teil der Stadtmark an professionelle Gärtner verpachtet. Vor allem in den alten Städten in Süd- und Westdeutschland entstanden schon im Spätmittelalter Gärtnerzünfte, aber auch Lübeck verzeichnet bereits im 13. Jahrhundert einen hauptberuflichen Gärtner unter seinen Einwohnern. Auch in stadtnahen Dörfern verlegte man sich zusehends auf die lukrative Produktion leicht verderblicher Gartenfrüchte, anstatt die billigeren Feldfrüchte anzubauen, die auch längere Transportwege überstanden.

Ein Privatgarten vor den Toren der Stadt wurde zum Luxus der Wohlhabenden, die sich dort einen angenehmen Sommersitz leisteten, der mehr Lust- denn Nutzgarten war, auch wenn wohl in den meisten Obst und die ein oder andere Gemüsedelikatesse angebaut wurden. Insgesamt erinnert das Szenario an die mesopotamischen Städte einige Jahrtausende zuvor.

*Blick auf die Allee und den Brunnen mit der Statue des Ozeanus von Giambologna (1529–1608) im Giardino di Boboli in Florenz*

## Hobby der Reichen

Während die einfache Bevölkerung den Bezug zum Garten verlor, kam er bei der reichen Oberschicht so richtig in Mode. Mit Italien als Ausgangspunkt verbreiteten sich die Renaissancegärten, die mit ihren eingefassten Wegen, geometrisch angelegten Beeten, Treppen, Wasserbecken und Skulpturen perfekt auf die Villen abgestimmt waren, die sie umgaben. Oft wurden sie von denselben Architekten entworfen, Haus und Garten wurden als Einheit geplant. Die berühmtesten Renaissancekünstler wie Raffael oder Bramante schufen nahezu perfekte Symphonien wie das Ensemble der Villa Medici in Fiesole, das Belvedere in der päpstlichen Residenz oder die Boboli-Gärten.

## Der englische Adel als Vorreiter

In der Regel hatten solch adelige Wohnsitze trotzdem noch einen Küchengarten. Um den Gesamteindruck nicht zu stören, befand er sich meist seitlich des Hauses und hinter hohen Hecken verborgen. Gerade in England widmete sich der Adel schon im Spätmittelalter äußerst eifrig der Obstzucht. Und zwar nicht nur für die eigene Tafel! Die Gutsbesitzer waren sich nicht zu fein, die gezogenen Früchte auch in großem Stil auf den Märkten verkaufen zu lassen, um so finanzielle Mittel in die Hand zu bekommen, ihre Landsitze und deren Gärten noch luxuriöser auszubauen. Als sich im 16. Jahrhundert die anglikanische Kirche von Rom trennte und die Klöster aufgelöst wurden, gingen viele ehemalige Abteien und Prioreien in privaten Besitz über und wurden zu weltlichen Landgütern umgewandelt. Die kirchlichen Güter aber waren im Mittelalter die Vorreiter bei der Obst-, Gemüse- und Blumenzucht. Diese Tradition wurde durch die Auflösung nicht gebrochen, sondern, im Gegenteil, vom Adel mit Begeisterung fortgeführt. Auch Gemüse spielte bei der Oberschicht wieder eine größere Rolle als noch im Mittelalter und so mancher reiche Edelmann lenkte sein Engagement darauf, bessere Sorten zu züchten oder Neues einzuführen, etwa Artischocken oder Blumenkohl.

*Viele bekannte Persönlichkeiten, wie hier Karl V., holten gerne den Rat des Augsburger Bankiers Fugger ein und waren in seinen Räumen zu Gast.*

### DIE GÄRTEN DER FUGGER

Ganz verschwanden die Gärten allerdings nie aus den Städten. Manche wohlhabenden Bürger leisteten sich ausgedehnte städtische Gärten, etwa die Bankiersfamilie Fugger in Augsburg. Dies führte zu Klagen bei der übrigen Augsburger Bevölkerung, die lieber mehr Wohnraum innerhalb der Stadtmauern gehabt hätte. Allerdings schufen die Fugger auch eine vorbildhafte Sozialsiedlung, die Fuggerei, in der unverschuldet in Not geratene Menschen bis heute für wenig Geld leben können. Für die Hälfte der Bewohner, jene, die im Erdgeschoss wohnen, gehört auch ein kleiner Garten dazu.

Überhaupt importierte man im 16. und 17. Jahrhundert mit großer Leidenschaft neue Pflanzen. Je exotischer, desto besser. Die Universitäten begannen ab der Mitte des 16. Jahrhunderts Botanische Gärten anzulegen. 1554 gelangte im Gepäck eines habsburgischen Diplomaten die erste Tulpenzwiebel aus dem Osmanischen Reich nach Europa und löste damit einen wahren Boom aus. Auch Hyazinthe, Frühlingskrokus, Jungfer im Grünen, Ranunkel, Kaiserkrone und Kirschlorbeer eroberten sich bereits im 16. Jahrhundert – aus dem türkischen Reich kommend – ihren Platz in den Gärten Europas.[1]

Die Erkundung der Welt mit ihren zahlreichen Abenteuer- und Forschungsfahrten nach Amerika, Südostasien und in die Südsee lieferte den Gärtnern der alten Welt weitere neue Pflanzen: Sonnenblumen, Herbstastern, Levkojen, Studentenblumen und den immergrünen Lebensbaum, vor allem aber Nutzpflanzen wie die Kartoffel, die im 16. Jahrhundert noch als reine Zierpflanze angebaut wurde, aber auch den Tabak, die Tomate, die Paprika, den Kürbis, den Mais, die Gartenbohne oder die amerikanischen Erdbeeren, die, gekreuzt mit den kleinen europäischen Walderdbeeren, ab 1750 die heutige Gartenerdbeere hervorbrachten.

*Je exotischer, desto besser. Das war das Motto des englischen Adels, der sich mit Begeisterung der Zucht neuer Blumensorten widmete.*

....................................................

[1] Die Tulpenhysterie gilt als die erste gut dokumentierte Spekulationsblase der Welt. Anfang 1637 wurden für eine einzige Zwiebel der Tulpensorte „Semper Augustus" in den Niederlanden mehr als 10.000 Gulden bezahlt. Dafür konnte man auch ein luxuriöses Haus an einer Amsterdamer Gracht bekommen. Doch der Wahnsinn fand ein jähes Ende. Die Blase platzte und die Preise fielen innerhalb kürzester Zeit in den Keller.

## Das Interesse des Bürgertums

In der frühen Neuzeit veränderte sich aber nicht nur die Weltanschauung, sondern es verschoben sich auch die Machtverhältnisse. Auf dem Kontinent begann sich der Absolutismus breitzumachen. In Deutschland waren die Umwälzungen besonders groß. Der Dreißigjährige Krieg verwüstete in der ersten Hälfte des 17. Jahrhunderts das Land, die Dörfer und Städte und natürlich auch Ackerland, Weinberge, Obstpflanzungen und Gärten. Viele alte Eliten, wie etwa die reichen städtischen Patrizierfamilien oder das Rittertum, gingen zugrunde. Der Wiederaufbau des geschundenen Landes wurde meist zentral von den jeweiligen Landesherren betrieben, die in diesem Zuge die alleinige Macht an sich rissen und ein zentral gesteuertes, gut organisiertes Beamtenwesen aufbauten, um ihre ordnungspolitischen Vorstellungen durchzusetzen. Auf diese Weise entstand nicht nur in Deutschland, sondern auch in den europäischen Nachbarländern, wo diese Entwicklung bereits früher eingesetzt hatte, erstmals eine größere Bevölkerungsschicht jenseits der Klöster und Domschulen, die lesen und schreiben konnte und Bildung als Aufstiegschance begriff.

Bei diesen Beamten, Pastoren, Lehrern etc. waren Gärten überaus beliebt und der eigene Hausgarten kam – auch in den Städten – wieder in Mode. Besonders Ärzte und Apotheker hatten vielfach einen Garten und bauten ihre eigenen Heilkräuter an. Manch einer wurde darüber zum Sammler und schuf sich seinen eigenen botanischen Kleingarten. So etwa der Nürnberger Apotheker Jörg Öllinger, der seine Pflanzensammlung 1553 in einem „Herbarium" genannten Buch mit kolorierten Federzeichnungen verewigte. Andere wohlhabende Gartenfreunde widmeten sich der Obstzucht oder kopierten die Architektur der Schlossparks. Die Vorstellung jedoch, dass ein Garten in erster Linie nicht dem Anbau von Nutzpflanzen, sondern auch dem Amüsement dienen kann, verbreitete sich nur langsam im Bürgertum.

*Im Apothekergarten von Eichstätt kann man bis heute den Anbau unterschiedlichster Heilkräuter studieren.*

Speziell bei den protestantischen Pastoren stand in der frühen Neuzeit noch der Nutzen eines Gartens im Vordergrund. Nach dem Vorbild Martin Luthers, der sich in mehreren seiner Schriften auch über Familienleben und Hausstand ausgelassen hatte, versuchten sich viele evangelische Pfarrer als Verfasser von umfassenden Ratgebern, die sie als „Hausbücher" oder „Oekonimiken" bezeichneten und die im 19. Jahrhundert dann als unmoderne „Hausväterliteratur" in Verruf gerieten. Diese Werke gaben den „Hausvätern" Ratschläge für alle Lebensbereiche, angefangen von der Kindererziehung über den Umgang mit Personal bis hin zu vernünftiger Wirtschaftsführung und sogar Kochrezepten. Im Grunde ähnelten sie der späteren Ratgeberliteratur für die Hausfrau,

Flos Solis maior.

nur dass man damals noch der Meinung war, der Mann als Oberhaupt der Familie müsse sich um alles, auch den Speisezettel, selbst kümmern, obwohl er sich natürlich nicht persönlich an den Herd stellte. *Der Weiber Haushaltung* von Johann Steinbach (1561) war noch eine Ausnahme. Der absolute Bestseller war *Oeconomia ruralis et domestica oder Haußbuch*, ein sechsbändiges Werk des schlesischen Pfarrers Johannes Coler von 1601, das 14 Auflagen erlebte. Coler empfahl, einen Garten in vier Teile zu teilen: einen (Obst-)Baumgarten, einen Küchengarten, einen für Blumen und einen für wohlriechende und nützliche Kräuter. Alle Beete sollten geometrisch angeordnet und am besten mit Buchs eingefasst werden. Der Obstgarten, den man sich als kleine, eingezäunte Streuobstwiese vorstellen muss, lag ihm besonders am Herzen. Wenn er die Obrigkeit wäre, schrieb er, müsste jeder Bauer jedes Jahr sechs oder acht Obstbäume pflanzen. Dass das „grobe Volk" stattdessen gutes Gartenland für Getreide oder billiges Gemüse wie Kohl und Mohrrüben verschwendete, war ihm ein Dorn im Auge. Auch der Rostocker Medizinprofessor Peter Lauremberg galt als ausgesprochener Obstbaumfreund. In mehreren städtischen Gärten hatte er laut eigenem Bekunden 329 Bäume, über deren Pflege er 1631 das Buch *Horticultura* verfasste.

Andere Autoren legten ihren Lesern neben dem klassischen Gartenbau auch die Imkerei oder die Fischzucht ans Herz. Überhaupt richteten sich die Ratgeber anfangs eher an ein adeliges Publikum mit großen Landgütern. Das Bürgertum geriet erst nach und nach in den Fokus.

*Sonnenblumenillustration aus Basilius Beslers* Der Garten von Eichstätt *aus dem Jahr 1613*

## Die englische Gartenliteratur

*„ „ Und Anfang März oder etwas früher ist es Zeit für eine Hausfrau, ihren Garten zu bestellen und so viele gute Samen und Kräuter zu bekommen, wie sie kann. „ „*

*Book of Husbandry* von John Fitzherbert, 1534

In anderen europäischen Ländern gab es diese Verquickung zwischen Eheratgeber, Kochbuch und Gartenbuch nicht. Aber auch dort erschienen ab dem 16. Jahrhundert zahlreiche Gartenratgeber. Eine besondere Rolle spielte das gartenbegeisterte England. Hier hatte man von Anfang an mehr ein bürgerliches Publikum im Visier und sprach auch schon früh gezielt die Frauen an. Eines der bedeutendsten Werke etwa war *The Country House-Wife's Garden* (1618) von William Lawson, einem Pfarrer aus Yorkshire. Allerdings richtete auch er sich nicht an die einfache Bäuerin, sondern an die Damen der ländlichen Mittelschicht und verriet ihnen etwa, wie sie einen Ziergarten mit kunstvoll verschlungenen Beeteinfassungen anlegen konnten. Die im Ratgeber abgebildeten Designvorschläge trugen Namen wie Diamond, Flower-deluxe oder Crosse-bow.

Oftmals waren es auch die Gärtner der Adeligen, die ihr exklusives Wissen zu Papier brachten und so an das Bildungsbürgertum weitergaben. Stephen Switzer etwa, der unter anderem an der Gestaltung der Gartenanlagen von Kensington oder Blenheim mitgewirkt hatte, veröffentlichte nicht nur Bücher über Gartenarchitektur, sondern auch solche wie *The Practical Fruit Gardener* (1724) oder *The Practical Kitchen Gardener* (1727).

Auch John Abercrombie, Sohn eines schottischen Gemüsegärtners, hatte in den exklusiven Gartenanlagen des Hochadels Gelegenheit, umfassende gärtnerische Erfahrungen zu sammeln, die er zu Papier bringen wollte. Aber weil er sich seiner nicht ganz sicher war, bot er 1769 Thomas Mawe, dem Gärtner des Herzogs von Leeds, 20 Pfund, damit dieser als Koautor seines Buches *Every Man His Own Gardener* fungierte. Doch Abercrombie hatte sich umsonst gesorgt. In seiner Schrift versprach er wenig bescheiden „eine allgemeine Anleitung, viel umfassender als alle bisherigen Publikationen" über die Arbeit „in Nutz- und Obstgarten, Park, Blumen- und Gehölzgarten, Anzuchthaus und Gewächshaus". Das Buch wurde ein großer Erfolg. Abercrombie veröffentlichte seinen 600-Seiten-Wälzer als Gartenkalender und gab für jeden Monat umfangreiche Arbeitsanweisungen. Dabei begann er immer mit dem „Küchengarten", da dieser „generell als der wichtigste oder zumindest profitabelste Teil der Gärten" angesehen werde. Trotzdem wurde auch sein Werk nicht für die einfache Bevölkerung geschrieben, wie schon das Titelblatt klarmachte. Der Hobbygärtner, der da seine Blumen gießt, trägt zwar eine Schürze, aber auch Weste und Perücke. Und im Hintergrund

*In Gartenbüchern brachten nicht nur die Gärtner des englischen Landadels ihr Wissen über Blumenzucht und Gartenpflege zu Papier.*

*Blick in das riesige Gewächshaus der Horticultural Society in Chiswick, Westlondon*

lustwandelt seine Frau lesend durch ein feudales Anwesen mit nachgebauten antiken Tempelchen.

Der Ratgeber selbst beginnt mit der Anzucht der ersten Gemüsepflanzen im Frühbeet im Januar. Allein Abercrombies Anweisungen für das Vorziehen von Gurken und Melonen erstrecken sich über mehr als sieben eng beschriebene Seiten. Aber schließlich, so meint er einleitend, sei es ja „der Ehrgeiz der meisten Gärtner, jeden anderen bei der Produktion früher Gurken auszustechen." Um besonders schnell zu sein oder exotische Pflanzen ziehen zu können, hatten manche gut situierte Gartenbesitzer bereits Gewächshäuser. Abercrombie gab auch hier Tipps und ging sogar auf beheizbare Gewächshäuser ein, die jedoch erst im 19. Jahrhundert wirklich ausgereift waren. Gut für das jeweilige gärtnerische Renommee war es schon immer, möglichst viele ausgefallene Sorten und Arten anzubauen. Deshalb stellte Abercrombie seinen Lesern im Anhang alle Pflanzen vor, die er für das englische Klima geeignet hielt, darunter acht Sorten von Melonen und 15 Arten von Salat. Bei den Obstsorten, so sagte er, beschränke er sich auf die, die es wert seien angebaut zu werden. Das waren 23 Pfirsichsorten und sieben verschiedene Arten von Haselnüssen.

## DIE PFLANZENJÄGER

1804 wurde die London Horticultural Society (ab 1861 Royal Horticultural Society) gegründet, die sich für die Förderung des Gärtnerns und der Gartenkunst einsetzte. In ihren Anfangsjahren gehörte dazu auch, dass sie eigene Pflanzenjäger beauftragte, die in exotischen Ländern nach Novitäten suchten. Einer der berühmtesten war Robert Fortune, der als Chinese verkleidet durch Ostasien reiste und viele Arten von Azaleen, Chrysanthemen, Pfingstrosen, Jasmin und Forsythien sowie die Kumquat nach Europa brachte. Vor allem aber gelang es ihm, Teepflanzen von China nach Indien zu schmuggeln, wo die Engländer sie erfolgreich anbauten.

Das Gärtnern, auch die Nutzgärtnerei, erlebte im 18. Jahrhundert eine äußerst dynamische Entwicklung mit immer neuen Pflanzen, immer mehr Sorten, besseren Techniken und wechselnden Moden. Alle neuen Pflanzen, ob Züchtungen oder Importe, fanden rasch ihren Weg in die kommerziellen Gärtnereien und jeder neue Trend wurde in Büchern detailliert beschrieben. Auf diese Weise konnte zumindest das wohlhabende Bildungsbürgertum an allen gärtnerischen Innovationen teilhaben.

## Das Verschwinden der Bauerngärten

Auch vor den Bauerngärten machte diese Entwicklung nicht halt. Neue Gemüse- und Obstsorten hielten Einzug und Blumen durften für eine optische Verschönerung sorgen – solange die Sorten robust genug waren und nicht zu viel Pflege beanspruchten. Der Schwerpunkt allerdings lag weiterhin bei den Nutzpflanzen, und in der Regel gab es keine Trennung zwischen Gemüse- und Ziergarten, sondern erste Ansätze dessen, was heute als typischer „Bauerngarten-Mix" gilt.

Doch der ländliche Bauerngarten war keine Selbstverständlichkeit mehr. Denn es gab immer weniger Vollbauern, die eine auskömmliche Bauernstelle besaßen. In vielen Regionen, vor allem in Norddeutschland, erbten nur die ältesten Söhne die Höfe. Die anderen mussten sehen, wo sie blieben. Viele zog es in die Städte, gleichzeitig aber bildete sich eine ländliche Unterschicht. Diese bewohnte meist Hütten (Kotten) auf dem Besitz größerer Güter. Manchmal gehörte noch ein kleines Stück Land dazu, das jedoch nicht ausreichte, die Familie zu versorgen. Der Kötter (auch Kätner oder Kotsasse genannt) verdiente seinen Lebensunterhalt hauptsächlich auf dem Bauerngut als Knecht. Von einem Büdner, Häusler oder in Mitteldeutschland einem Gärtner sprach man, wenn nur noch ein Garten, aber kein Feld mehr zum Kotten gehörte. Darüber hinaus gab es zahlreiche Tagelöhner, die überhaupt kein Land mehr bewirtschaften konnten, um eigene Nahrungsmittel anzubauen.

*Klostergarten des Benediktinerinnenordens auf der Fraueninsel im Chiemsee*

# Die Gartenhäuser von Schiller und Goethe

Goethe und Schiller, die beiden bedeutendsten Dichter der deutschen Klassik, leisteten sich ihr Idyll im Grünen und nutzten es als Quelle der Inspiration. Goethes *Iphigenie auf Tauris* und sein „Jägers Abendlied", Schillers große Balladen „Die Bürgschaft", „Die Kraniche des Ibykus" und „Der Taucher", aber auch wesentliche Teile des *Wallenstein* und der Anfang von *Maria Stuart* entstanden in Gärten.

### Goethes Gartenhaus

Goethe verliebte sich 1775, als er nach Weimar kam, prompt in ein ehemaliges Winzerhaus mit heruntergekommenem Garten an einem Hang der Ilm. Er bekam es von seinem Gönner, Herzog Karl August von Sachsen-Weimar-Eisenach, zum Geschenk. „Hab ein liebes Gärtchen vorm Tore an der Ilm schönen Wiesen", schrieb Goethe beglückt an eine Freundin. „Ist ein altes Häuschen drinne, das ich mir reparieren lasse." Das „liebe Gärtchen" war jedoch ein veritabler Park und bei der Gestaltung ließ sich Goethe von der neuen, aus England stammenden Mode der Landschaftsgärten anregen, legte aber auch eine Obstwiese und einen Nutzgarten mit Gemüse an. Er wohnte sieben Jahre dort, dann

aber genügte das kleine Winzerhaus endgültig weder seinem gesellschaftlichen Rang noch dem Umfang seiner Bibliothek. Er zog in das repräsentative Haus am Frauenplan. Der Garten an der Ilm aber blieb sein Lieblingsaufenthalt, den er immer wieder auch zum Arbeiten aufsuchte.

### Schillers Gartenzinne

Im Gegensatz zu ihm lebte sein Freund Friedrich Schiller lange Zeit in prekären Verhältnissen und konnte von seiner Schreiberei nicht leben. 1789 zog er deshalb nach Jena, nahm eine Professur an der dortigen Universität an und bezog eine Mietswohnung in der Innenstadt. Zwei Jahre später erkrankte er vermutlich an einer Lungentuberkulose. Er überlebte die Krankheit zwar, erholte sich jedoch nicht vollständig. Seine Freunde, darunter Goethe, rieten ihm eindringlich zu mehr frischer Luft. Also kaufte er 1797 ein Haus mit Garten vor den Toren von Jena. Es kostete ihn 1050 Taler, die er sich von seinem Verleger Cotta leihen musste. Außerdem waren Umbauarbeiten nötig, die er teilweise selbst ausführte. Doch er meinte: „Ich musste dieses Mittel ergreifen, ein eigen Haus und Garten zu kaufen, weil ich sonst gar

*Goethes Gartenhaus in Weimar...*

keine Möglichkeit sehe, mich an die freie Luft zu gewöhnen, die mir so nöthig ist."

Bis zu seinem Umzug nach Weimar verbrachte er die Sommermonate dann mit seiner Familie im Gartenhaus, das nicht groß, aber weit mehr als eine Laube war. Das Erdgeschoss wurde vor allem vom Kinderzimmer der beiden Söhne eingenommen, im ersten Stock befanden sich Schlafzimmer und der Salon von Charlotte Schiller und im zweiten Stock hatte der Hausherr ein Arbeitszimmer mit wunderbarem Gartenblick. Aber da es dem lärmempfindlichen Schiller dort immer noch nicht ruhig genug war, ließ er sich am entgegengesetzten Ende des Gartens ein Türmchen auf die Mauer setzen, von Goethe „Schillers Gartenzinne" genannt, in dem er sich ein zweites, nur neun Quadratmeter großes Arbeitszimmer einrichtete. Besucher wurden an einem runden Steintisch unter einer bewachsenen Pergola empfangen, wo man, so erinnerte sich Goethe später, oft gesessen und so manches gute

Gespräch geführt habe. Doch der Garten diente nicht nur zur Erbauung des Dichters und als Spielplatz für die Söhne Karl und Ernst, sondern auch als Nutz- und Küchengarten. Vor allem Spargel, Mangold und Kartoffeln sollen dort in großer Menge angebaut worden sein und natürlich auch Äpfel, denn ohne den Geruch fauler Äpfel – so Goethe reichlich boshaft – habe Schiller überhaupt nicht dichten können. 1799 zog auch Schiller nach Weimar, behielt das Gartenhaus aber noch bis 1801. Dann verkaufte er es, um sich in Weimar ein eigenes Wohnhaus leisten zu können. Es stand mitten in der Stadt an der Esplanade und hatte keinen Garten. Aber Charlotte Schiller meinte in einem Brief: „Ich freue mich sehr des Besitzes, weil die Lage meinen Augen wohlthätig ist, und ich immer wie in einer Laube sitze. Auch für die Kinder ist es sehr freundlich und für eine Wohnung in der Stadt hat sie alles Angenehme eines Gartenhauses, weil die Esplanade unser Garten ist."

*... und Friedrich Schillers Gartenzinne in Jena*

KAPITEL 2

## Neues Glück im Grünen!

# Die moderne Kleingartenkultur entsteht

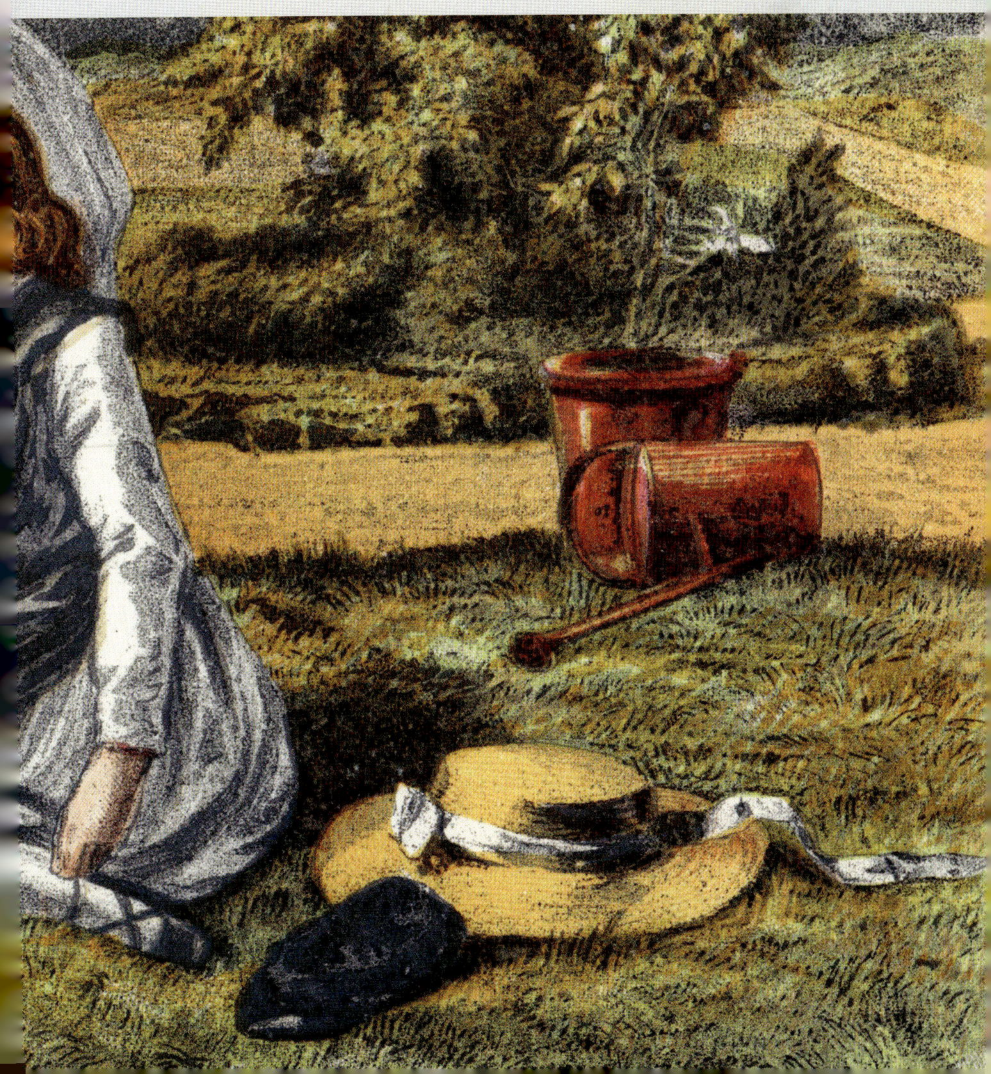

# Die sozialen Anfänge
Armengärten, Arbeitergärten & Schreber-Verein

*Die gärtnerische Arbeit gilt als ein Heilmittel, das hilft, Ordnungen und Rhythmen wiederherzustellen, die beschädigt worden oder abhanden gekommen sind.*

Jürgen Dahl, *Vom Geschmack der Lilienblüten* (1995)

MAN KÖNNTE VERMUTEN, die Geschichte der Kleingärten beginne in der Stadt, wo Gärten Mangelware sind – tatsächlich aber nimmt sie im ländlichen England ihren Anfang. Bereits 1597 hatte Königin Elizabeth I. in ihrem „Small Holdings Act" festgelegt, dass zu jedem Landarbeiter-Cottage mindestens vier Acre (16.000 Quadratmeter) Land gehören sollten. Leider hatte diese Verfügung nur geringe Nachwirkungen. Wie in Deutschland bildete sich im vereinigten Königreich eine ländliche Unterschicht heraus, die in Cottages mit nur kleinen oder sogar ganz ohne Gärten lebte, weil die Herren, denen das Land gehörte, dieses für andere Zwecke verwendeten. Zudem begannen ab 1750 zahlreiche „Inclosure Acts", die freie Nutzung von Wiesen und Wäldern einzuschränken.

Gleichzeitig gab es im Randgebiet der Städte durchaus Kleingärten. Doch wie in Deutschland auch waren es eher die Wohlhabenden, die sich ihr Sommerhäuschen vor den Toren leisteten. 1731 entstand in Birmingham die Initiative der Guinea-Gardens. Parzellen von 200 oder 300 Quadratmetern wurden zum Preis von einer Guinea (dies entsprach damals etwa einem Pfund Sterling) verpachtet. Eine Summe, die für die Mittelschicht – wie Beamte, gut verdienende Handwerker und Kaufleute – erschwinglich war, sich deshalb großer Beliebtheit erfreute und auch in anderen Städten aufgegriffen wurde. Als ältestes noch existierendes Überbleibsel dieser Bewegung gelten die St. Anns Allotments in Nottingham.

*„Wo soll ich leben? In Letchworth natürlich!" Prospekt der Gartenstadt in Letchworth, 1907. Hier nahm die englische Gartenstadtbewegung ihren Ausgang.*

Der Grundgedanke, auch den Armen Gartenland kostenlos oder gegen eine geringe Pacht zur Verfügung zu stellen, wurde wohl zum ersten Mal öffentlich 1760 im renommierten „Gentlemen's Magazine" diskutiert. Man wollte auf diese Weise Verbrechen und Unmoral reduzieren und den

*Die Landschaftsarchitek-
tin Gertrude Jekyll vor
der Terrasse im Deanery
Garden, Sonning, Berk-
shire, nach 1901*

## DER COTTAGE-GARDEN

Was man heute unter „Cottage-Garden"
versteht, ist eine Modeerscheinung,
die erst um 1870 aufkam. Es war eine
Gegenbewegung zu den sehr formellen,
„künstlich" wirkenden Gärten vieler
Landsitze und der damaligen Vorliebe für
exotische Treibhausblumen. Man besann
sich wieder auf ländliche Traditionen,
Pflanzen und Materialien. Vor allem
sollten die Gärten naturnah wirken und
sich harmonisch in ihre Umgebung
einfügen. Vorreiter der Cottage-Garden-
Bewegung waren die Gartenarchitekten
Gertrude Jekyll und William Robson. Die
ursprünglichen Cottage-Gärten dagegen
waren meist reine Nutzgärten und dienten
in vielen Fällen daneben der Imkerei oder
Kleintierzucht.

Zuzug in die Industriestädte eindämmen. Angedacht wurden zwei Acre (8000 Quadratmeter) pro Familie, was eher
auf eine Nebenerwerbslandwirtschaft als einen Kleingarten
hinausgelaufen wäre. In der Folgezeit wurden einzelne Adelige aktiv und stellten den örtlichen Armen solche Parzellen
(Allotments) zur Verfügung. Teilweise allerdings unter Auflagen. Etwa, dass sie ein anständiges Familienleben führten
und regelmäßig zum Gottesdienst gingen.
Die Erfolge waren vielversprechend. 1796
gründeten die Sozialreformer Sir Thomas
Bernard und William Wilberforce deshalb
die „Society for Bettering the Conditions
and Increasing the Comfort of the Poor".
Ihr Hauptanliegen war die Gründung von
Allotments, kleinen Gartenparzellen, die
das Landproletariat nach ihrer Überzeugung „rege halten und fleißig machen" würden. Im Jahr 1800 wurden beispielsweise in
der Gemeinde Long Newton in Wiltshire
100 Allotments bedürftigen Familien für
14 Jahre günstig zur Verfügung gestellt. Fünf
Jahre später musste die Gemeinde nicht einmal mehr ein Zehntel des früheren Betra-
ges für die Armenfürsorge ausgeben. Dies
blieb nicht der einzige Erfolg: 1806 legte
die Gemeinde Broad Somerford, ebenfalls
in Wiltshire, fest, dass zu jedem Cottage ein
Allotment von einem halben Acre gehören
sollte. Die Nachbargemeinden folgten dem

Beispiel schnell. Die Mehrheit der Großgrundbesitzer lehnte die Idee jedoch vehement ab. Sie hatten Angst, die Landarbeiter würden Saatgut stehlen und ihre Lohnarbeit zugunsten der eigenen Gärten vernachlässigen. Da Allotments im Schnitt doppelt so profitabel wie Farmland waren, spielten hier auch teilweise Konkurrenzängste eine Rolle.[2] Selbst sozial aufgeschlossene Menschen blieben zum Teil skeptisch. Der Philosoph John Stuart Mill etwa fürchtete, mit Allotments würden arme Leute arm gehalten. Und Lord Robert Smith, geadelter Spross einer Bankiersfamilie, der selbst auf seinem Land Allotments zur Verfügung stellte, wollte dies nur als freiwilliger, privater Wohltäter tun und lehnte gesetzliche Regelungen ab.

**Wachsende Not**
Durch die Kontinentalblockade, die Napoleon 1806 über Großbritannien verhängte, wuchs die allgemeine Not in der Bevölkerung bedenklich. Und auch nach Ende der Auseinandersetzungen mit dem französischen Kaiser blieb die Lage in England angespannt, weil die zahlreichen heimkehrenden Soldaten das Heer der Arbeitslosen vergrößerten. 1819 erließ das britische Parlament ein erstes Allotment-Gesetz. Es ermächtigte die örtlichen Kirchenvorstände, im Rahmen der Armenfürsorge Land zu kaufen oder

*Gemeinschaftsgartenanlage in Bourton-on-the-Water in der Grafschaft Gloucestershire*

........................................................
[2] Auch wenn der Kampf um Allotments die Wurzel der Kleingartenbewegung in Großbritannien war, darf man sich die damaligen Pachtparzellen nicht allzu gartenähnlich vorstellen. Zum einen waren sie mit normalerweise zwei Acre ziemlich groß, zum anderen wurden darauf in erster Linie sättigende Kartoffeln angebaut, sodass viele dieser Allotments eher eingezäunte kleine Äcker denn Gärten im heutigen Sinne waren.

zu pachten beziehungsweise Brachland mit Einwilligung des Grundherrn einzuzäunen und in Form von Allotments an Erwerbslose zu verpachten. Allerdings gaben nicht allzu viele Grundherren ihre Einwilligung. Deshalb verschaffte 1831 ein neues Gesetz den Kirchenvorständen die Vollmacht, bis zu 50 Acre kommunales Land, aber auch privates Brachland für Allotments zu beanspruchen. Es folgten ergänzende Gesetze, um die Sache weiter voranzutreiben, die Erfolge in der Praxis blieben jedoch bescheiden, da das Prozedere kompliziert und das Interesse bei den Verantwortlichen gering war. Zwischen 1845 und 1867 wurden zwar fast 500.000 Acre Land für eine gärtnerische oder landwirtschaftliche Nutzung erschlossen, darunter aber kaum mehr als 2000 für Allotments.

*Zwei wichtige Unterstützer und Finanziers der Kleingartenbewegung: Lord Carrington (Abbildung aus der „Vanity Fair" von 1907) ...*

## Private Initiativen

Erfolgreicher waren meist private Initiativen. Lord Robert Carrington etwa verpachtete einen Teil seines Landes für 20 Jahre zu 33 Shilling pro Acre an die „South Lincolnshire Small Holdings Association", die es für einen geringfügig höheren Preis an 170 Landarbeiter weitergab. Die Differenz wurde für den Verwaltungsaufwand und Gemeinschaftsaufgaben verwendet. Auf diese und ähnliche Weise wurden bis 1873 etwa 243.000 Allotments geschaffen. Trotz aller Bemühungen aber hatten sich die sozialen Probleme auf dem Land im Lauf des 19. Jahrhunderts so verschärft, dass ein eigener Garten die Situation nicht mehr grundlegend besserte. Zum einen gab es ein Überangebot an billigen Landarbeitern, auf der anderen Seite ließen neue technische Errungenschaften, wie die Einführung von Dreschmaschinen, und mehrere schlechte Ernten den Bedarf an Arbeitskräften sinken. Dies führte zu regelrechten Aufständen. Im Rahmen der Swing Riots zerstörten aufgebrachte Arbeiter zwischen 1830 und 1831 Dreschmaschinen, die viele von ihnen arbeitslos gemacht hatten.

Gegen Ende des Jahrhunderts war die Landwirtschaft in Großbritannien endgültig in der Krise und die Preise für Ackerflächen ins Bodenlose gefallen. Nun wurde es für Landbesitzer wirtschaftlich interessant, ihren Grund und Boden in kleine Parzellen zu teilen und zu verpachten. Die Grenzen zwischen Kleingärten und kleinen Nebenerwerbslandwirtschaften waren dabei fließend. Ab 1890 richtete jedes County ein Komitee für Allotments ein. Wenn es einer Gemeinde nicht gelang, auf freiwilliger Basis genügend Kleingartenland zu verpachten, sollte das County-Komitee aktiv werden. 1913 hatten bereits etwa zwei Drittel aller britischen Dörfer Allotments, insgesamt gab es 600.000 solcher Kleingärten bzw. Miniäcker. Inzwischen hatte die Allotment-Bewegung ihren Charakter als Armenfürsorge abgestreift. Die Pächter mussten vor allem zuverlässig sein, regelmäßig ihre Pacht zahlen und die Pachtregeln einhalten. Bedürftigkeit war kein Kriterium mehr.

## Die Initiative des Landgrafen

Auch auf dem europäischen Kontinent steht ein Adliger am Anfang der Kleingartenbewegung: Der in Dänemark aufgewachsene Carl von Hessen war nur dem Titel nach Landgraf von Hessen-Kassel. Tatsächlich fungierte er als Statthalter des dänischen Königs in den Herzogtümern Schleswig und Holstein. Carl war Freimaurer und neuen Ideen gegenüber aufgeschlossen. Nach seiner Überzeugung waren Geldzuwendungen für Arbeitsfähige demoralisierend und verderblich, da sie den Müßiggang förderten. Gartenarbeit dagegen, so glaubte er, sei gut für die Moral. Deshalb begann er, Wald- und Heideflächen seiner Güter in Hessen und Schleswig-Holstein an arme Familien zu verpachten, wobei die Pacht erst nach einigen „Freijahren" fällig wurde. In Kappeln entstanden so die „Carlsgärten." Der Landgraf erließ Vorschriften zu ihrer Bewirtschaftung, die als erste Kleingartenverordnung gelten können. All diese Experimente waren überaus erfolgreich und fanden schon bald Nachahmer. 1814 beschloss der Kappelner Pastor Friedrich Christian Heinrich Schröder, Kirchenland, das er nicht selbst bewirtschaftete, bedürftigen Familien zur Verfügung zu stellen, um die allgemeine Not nach dem Ende der Napoleonischen Kriege zu lindern. Schröder unterteilte das Land in 24 Parzellen, entwarf eine Pachtordnung und ließ die Pächter einen Vorstand wählen – vermutlich die erste Kleingärtnervereinigung auf (heute) deutschem Boden!

*... und Landgraf Carl von Hessen-Kassel*

1819 forderte Carl von Hessen die Magistrate aller Städte in Schleswig und Holstein auf, kommunales Land in Form von Gartenparzellen an arme Familien zu vergeben. Ein Jahr nach dem Aufruf wurden in der Stadt Schleswig die ersten kommunalen Armengärten angelegt. Der Stadtrat wählte 23 Bedürftige aus, unter denen die Parzellen verlost wurden. Je nach Güte der Böden waren die ersten vier oder fünf Jahre pachtfrei. Um einen guten Start zu ermöglichen, ließ die Stadt die Böden mit Teichschlamm düngen. Allerdings entschied man sich nicht für die Ärmsten der Armen, weil man befürchtete, diese würden Gartengeräte und Saatgut stehlen, sondern bedachte mit dem Land Familien, die sich beides leisten konnten. Carl von Hessen setzte sogar einen eigenen Bevollmächtigten ein: Justizrat Friedrich Wilhelm Otte zu Königsmarck, der in alle Städte der landgräflichen Herzogtümer reiste und vor Ort Druck machte. 1826 hatten bereits 19 Städte Armengärten.[3]

Das Beispiel machte aber auch anderswo Schule. In Berlin wurden 1833 vor dem Oranienburger Tor Kartoffelgärten für 13 Familien angelegt. Im selben Jahr beauftragte die Stadt Leipzig 300 arbeitslose Handwerker, vor dem Sandtor ein Kleingartengelände anzulegen. In den Genuss der Gärten kamen hinterher aber nicht die Arbeitslosen selbst, sondern Pächter, die die jährliche Pacht von 3 Taler aufbringen konnten. Auch in Berlin waren die ersten Kleingärtner einfache Arbeiter und Handwerker, die mit dem Kartoffelanbau ihre Haushaltskasse etwas aufbessern konnten. Etwa 10 Reichstaler, so rechnete man aus, machte die Ersparnis aus, die sich jeder Einzelne hart erarbeiten musste. So entwickelten sich aus den Armengärten in vielen Orten schnell Arbeitergärten. Das hing auch damit zusammen, dass die Bodenpreise – vor allem in den Städten – im Laufe des 19. Jahrhunderts rasant stiegen.

*Der Orthopäde Moritz Schreber entwickelte die Idee des Schrebergartens zur Förderung der Volksgesundheit (Holzstich um 1850).*

Zu Beginn, als Carl von Hessen den Grundstein seiner Armengärten legte, war es für die Kommunen noch profitabel, den Armen Land zur Verfügung zu stellen, damit diese sich selbst ernähren konnten. 50 Jahre später war diese Art der Armenfürsorge unwirtschaftlich geworden.

In anderen Ländern gab es ähnliche Initiativen. Im niederländischen Franeker etwa stellte die Maatschappij tot Nut van 't Algemeen (Gesellschaft für die allgemeine Wohlfahrt) ab 1838 Arbeitern kleine Gärten zur Verfügung. Im belgischen Gistel war es der Landbesitzer und Philanthrop Pierre Bortier, der 1861 72 Parzellen von je etwa 700 Quadratmetern an alt gewordene Landarbeiter vergab. Damit wollte er nicht nur diesen helfen, sondern gleichzeitig erreichen, dass die öffentliche Fürsorge ihre begrenzten Gelder für die Kranken und Arbeitsunfähigen verwendete.

## Die Sache mit den Schrebergärten

In der zweiten Hälfte des 19. Jahrhunderts hielt auch in Deutschland die Industrialisierung mit voller Wucht Einzug. Traditionelle Produktionsweisen

[3] Auf dem „Prüner Schlag" in Kiel wies man 1830 die ersten Armengärten der Stadt aus, jede Parzelle 400 Quadratmeter groß. Damit war ein Maß eingeführt, das auch heute noch als gebräuchlicher Standard für die Größe von Kleingärten gilt.

waren international nicht mehr konkurrenzfähig und die arbeitslos gewordenen Menschen strömten zu Hunderttausenden in die Städte, um ihr Heil in den Fabriken zu finden, obwohl dort katastrophale Zustände herrschten. 14-Stunden-Arbeitstage unter härtesten Bedingungen waren die Regel. Kinder mussten von klein auf mitarbeiten, damit Familien überhaupt über die Runden kamen. Die Menschen hausten auf engstem Raum in erbärmlichen, unhygienischen Wohnungen und litten nicht selten unter Mangelernährung. Diese Zustände begünstigten vielfach soziale Verwahrlosung und Kriminalität.[4]

All dies rückte die Themen Gesundheit und gesunde Lebensführung in den gebildeteren Kreisen in den Fokus. Das galt auch für Moritz Schreber. Er war Leiter der orthopädischen Heilanstalt in Leipzig und nicht gerade ein zimperlicher Zeitgenosse. Zu seinen Leidenschaften gehörte es, Geradhalter und Apparaturen zu konstruieren, um vermeintlichen Fehlhaltungen bei Kindern vorzubeugen. Schreber erkannte völlig richtig, dass Kinder ausreichend Bewegung an frischer Luft benötigen, um gesund aufzuwachsen. In der beliebten Familienzeitschrift „Die Gartenlaube" propagierte er öffentliche „Spiel- und Tummelplätze". Zu seinen Freunden gehörte Ernst Innozenz Hauschild, ein reformfreudiger Pädagoge, dem unter anderem die modernen Sprachen am Herzen lagen und der erstmals auch Mädchenturnen einführte. Er war Direktor der „4. Bürgerschule" in der Leipziger Westvorstadt und berief 1864 die Eltern seiner Schüler zu einer Versammlung ein. Es sei Zeit, einen Spielplatz einzurichten, legte er ihnen eindringlich ans Herz, sonst würde es nicht lange dauern, und den Kindern blieben wie den „bedauernswerten Kindern der inneren Stadt" zum Spielen „nur das unerquickliche und gefahrbringende Straßenpflaster", „kleine feuchte Höfe" und „winzige Gärten". Der Spielplatz wurde tatsächlich angelegt und nach dem

*Titelblatt einer Ausgabe der Familienzeitschrift „Die Gartenlaube" aus dem Jahr 1883*

--------

[4] Eine Umfrage von 1912 ergab, dass 79 Prozent der Berliner Volksschüler keine Vorstellung von einem Sonnenaufgang hatten und 83 Prozent noch nie eine Lerche gehört hatten. Einige sollen versichert haben, sie wüssten, was ein See sei, hätten aber in Wahrheit den Fischbehälter auf dem Marktplatz gemeint.

bereits verstorbenen Moritz Schreber benannt. Im 19. Jahrhundert war jedoch unbeaufsichtigtes Turnen und Spielen undenkbar. Zum Konzept des „Schreberplatzes" gehörte, dass die Kinder angeleitet und betreut wurden. Man gewann dafür Karl Gesell, einen pensionierten Oberlehrer. Dieser kam auf die Idee, dass es doch auch sehr lehrreich für seine kleinen Schützlinge sein müsse, eigene Beete zu bestellen, und ließ diese am Rande des Schreberplatzes anlegen.

Gesell hatte sich jedoch getäuscht. Die Kinder konnten der Gartenarbeit nicht viel abgewinnen. Bald waren es ihre Eltern, die die Beete versorgten. Das allerdings mit stetig wachsender Begeisterung. Also wurden die Kinderbeete in Familienbeete umdeklariert, parzelliert und eingezäunt. Bald folgten einfache Lauben als Wetterschutz. 1870 existierten bereits 100 Gartenparzellen. 1874 gründete sich in der Leipziger Südvorstadt ein weiterer Schreberverein. Bis 1891 wuchs die Zahl auf 14 an. Laut ihrer Satzung widmeten sie sich der Pflege des Jugendspiels, der Belehrung der Jugend und überhaupt allen gemeinnützigen Bestrebungen zum Besten der Jugend. Gärten wurden nicht erwähnt. Allerdings waren die weitaus meisten Einrichtungen der Schrebervereine „Familiengärten". Daneben gab es jedoch auch Spielplätze, Eisbahnen oder Badekolonien.

*Darstellung des Vereinslebens um 1900 auf dem Gelände des „Schrebergartens"*

### DER TRICK MIT DEN MAULBEERBÄUMEN

Gesells Idee war nicht ganz neu. Schulgärten gab es bereits im 17. Jahrhundert. Mitte des 18. Jahrhunderts organisierte der Berliner Reformpädagoge Johann Julius Hecker in Berlin für die Schüler seiner Realschule nicht nur Betriebspraktika, sondern legte auch einen Schulgarten an. Er bekam dafür eine Brache am Potsdamer Tor, das heutige Lenné-Dreieck, billig überlassen. Denn er köderte Friedrich den Großen mit dem Versprechen, dort mit seinen Schülern Maulbeerbäume anzubauen. Auf diesen Bäumen hoffte der König Seidenspinner zu züchten, um so eine preußische Seidenproduktion ins Leben zu rufen. Überhaupt scheint Hecker ein Faible für exotische Pflanzen gehabt zu haben. Eine Inventarliste des Schulgartens verzeichnete eine kleine Orangerie mit Ananasstauden, Zypressen, Granatapfelbäumen, Aloen, Agaven, Kaffeebäumen und vielem mehr.

H. M. THE GERMAN EMPRESS.

*Die sozial engagierte Kaiserin Augusta Victoria übernahm die Schirmherrschaft für die ersten Rotkreuzgärten.*

## Eine Idee wächst

*Sie wollen keine Almosen mehr. Almosen erniedrigen den Menschen. … Mit den Gärten gibt es keine Erniedrigung, kein Almosen.*

Père Félix Volpette 1895

Schrebergärten waren keine Armengärten, wie sie noch Carl von Hessen propagiert hatte. Der Schreberverein war ein gemeinnütziger Verein bürgerlicher Volksschichten, dessen Einrichtungen auch vorwiegend vom Bürgertum selbst genutzt wurden. Die Schrebergärten wurden jedoch zu einem international beachteten Vorbild. Der Grundsatz der Schrebergärten hat auch Félicité Hervieu inspiriert, die Besitzerin einer Textilfabrik in Sedan. Im Jahr 1890 stellte sie erst einer und am Ende 90 bedürftigen Familien Land für Kleingärten zur Verfügung. Ihr Beispiel wiederum steckte andere an: Der Jesuitenpater Père Félix Volpette aus Saint-Étienne fasste 1895 den Entschluss, „die ganze schwarze Stadt mit einem Band heiterer Gärten zu umschließen." Innerhalb weniger Jahre entstanden so Hunderte von Arbeitergärten.

Zwei Jahre darauf gründeten die beiden Priester Jules Auguste Lemire und Léon Gruel die „Ligue française du Coin de Terre et du Foyer", die sich dafür einsetzte, dass jeder bedürftige Bürger, der Interesse daran hatte, vom Staat ein Kleingartengelände zur Verfügung gestellt bekommen sollte. Wiederum zwei Jahre später schwappte die Bewegung ins benachbarte Ausland über, nach Belgien. Ein Brüssler Verleger rief das belgische Pendant ins Leben. Ein gesetzlich garantiertes Recht auf Kleingärten konnten sie alle nicht durchsetzen, doch die Kleingartenbewegung erlebte in dieser Periode ihre erste Blüte und durfte sich 1900 auf der Weltausstellung in Paris präsentieren.

Dort informierte sich auch der Berliner Geheimrat Alwin Bielefeldt im Auftrag der Reichsregierung darüber. Bielefeldt wurde von Lemire nach Saint-Étienne eingeladen, um die Jardins Volpette zu besichtigen. Wieder zurück in Berlin ergriff er selbst die Initiative und fand in Professor Gotthold Pannwitz einen Verbündeten. Der Mediziner hatte sich den Kampf gegen die Volksseuche Lungentuberkulose auf die Fahne geschrieben, eine Krankheit, die in der Regel mit Armut und schlechten Lebensverhältnissen

einherging. Pannwitz sah in Gärten und Gartenarbeit ein probates Gegen-
mittel und gewann den Vaterländischen Frauenverein Charlottenburg, dessen Schriftführer er war, für die Idee. 1901 legte der Verein, der zum Roten
Kreuz gehörte und unter persönlicher Schirmherrschaft der Ehefrau des
deutschen Kaisers, Augusta Victoria, stand, die ersten Arbeitergärten an. Es
sollten zahlreiche weitere dieser Rotkreuzgärten folgen, vor allem in Berlin,
aber auch in Lübeck und Merseburg.

## Fürsorge und Bevormundung in den Sozialgärten

Die Satzung des Vaterländischen Frauenvereins Charlottenburg zeigt ex-
emplarisch, welche hehren Ziele die Institution mit den „Armen- und Arbeitergärten" zu erreichen hoffte. Zuvorderst die „Erholung des Arbeiters
und seiner Familie in gesunder Luft", des Weiteren die „Kräftigung von
alten und invaliden Personen, von Rekonvaleszenten, geheilten und gebes-
serten Lungenkranken usw." durch die gesunde Gartenarbeit. Ferner die
„Ablenkung des Arbeiters vom Wirtshausbesuch, Erweckung des Spar-
sinns, Erhöhung der Zufriedenheit durch Besserung der wirtschaftlichen
Lage" sowie die „Stärkung des Familiensinns und -lebens durch gemeinsame Arbeit und Erholung", außerdem die „Erweckung des
Eigentumgefühls an dem durch Entgelt erworbenen Garten *Die englische Stadt Bristol*
und an selbst gezogenen Früchten", ebenso die „Erweckung *besitzt einige der ältesten*
des Gefühls der Freude am Ackerbau für Erwachsene und *Community Gardens der*
Kinder, damit Heranziehung künftiger Landarbeiter auch *Welt, die sich auch heute*
aus Kreisen der städtischen Arbeiterbevölkerung" und die *noch großer Beliebtheit*
„Ablenkung des Zuzugs nach den großen Städten". Beab- *erfreuen.*
sichtigt war auch die „Errichtung von Arbeiterwohnungen

auf den von den Arbeitern lieb gewonnenen Gärten mithilfe gemeinnütziger Bauvereine, von Gemeinden usw. und damit natürlichste Lösung der Arbeiterwohnungsfrage."

Kleingärten scheinen teilweise als eine Art „Allheilmittel" der Sozialfürsorge gegen sämtliche Übel der Zeit angesehen worden zu sein, seien es materielle, soziale, gesundheitliche oder moralische. Sie sollten den Wohnungs- und Arbeitsnomaden der modernen Großstädte wieder zu neuen Wurzeln in der Gesellschaft verhelfen und dienten sogar als Wundermittel im Kampf gegen Tuberkulose, Kindersterblichkeit, Gewalt in den Familien, Alkoholismus, Prostitution, Atheismus etc. Ganz am Rande hoffte man natürlich, durch solche Fürsorgemaßnahmen für Arbeiter auch dem Sozialismus seinen Nährboden zu entziehen.

## Fabrik- und Eisenbahnergärten

Es waren nicht nur Wohlfahrtsverbände und private Philanthropen, die sich gegen Ende des 19. Jahrhunderts für die Kleingartenidee begeisterten. Auch Fabrikbesitzer und staatliche Institutionen legten auf ihrem Land Pachtgärten an. So wandelte etwa die Reichsbahn in großem Stil schwer nutzbare Flächen entlang der Gleise in Gartenanlagen um, von denen viele heute noch bestehen. Auch die Grubenbesitzer in Schlesien, Sachsen und dem Rheinland lockten Arbeitskräfte mit der Aussicht auf eigene Gärten für ihre Beschäftigten. Meist entstanden diese Fabrikgärten eher in ländlichen Regionen als in der Großstadt.

Dem Vorsatz, mithilfe der Gärten ein Wohlfahrtspflegesystem für Bedürftige zu etablieren, ohne dass diese auf Almosen angewiesen wären, und so „Hilfe zur Selbsthilfe" zu leisten, stand aber häufig der konservative Geist der Zeit im Weg. Eine Vielzahl von Vorschriften und Auflagen mündeten nur allzu oft in einer paternalistischen Fürsorge, bei der nicht immer die Bedürftigkeit der Menschen im Mittelpunkt stand.[5] Die Pächter der Rotkreuzgärten wurden beispielsweise durch „Patronatsdamen" ausgewählt. Kinderreiche Familien und von Tuberkulose Gefährdete sollten bevorzugt werden. Aber natürlich wurde auch darauf geachtet, dass die Auserwählten einen anständigen Lebenswandel führten und keine politische Agitation betrieben. Abstinenzler wurden bevorzugt und der Ausschank von alkoholischen Getränken in den Gärten verboten. Auch der Ertrag der Gärten wurde kontrolliert, da der Verein zum Ziel hatte, seinen Pächtern zu ermöglichen, den vierfachen Wert der eingesetzten Barmittel an Obst und Gemüse zu produzieren.

Andererseits war die Jahrespacht mit nur fünf Mark für 250 Quadratmeter sensationell günstig und Rotes Kreuz bzw. Frauenverein ermöglichten den Pächtern weit mehr als einfach nur die Gärten. Es gab Kinderspielplätze, Veranstaltungsräume und kostenlose Leihbibliotheken in den Kolonien.

.......................................

[5] Die Pächter der Rotkreuzgärten waren verpflichtet, ihren Kindern eigene Beete zuzuteilen. Am Ende des Jahres wurde ihnen vorgeschrieben, den Marktwert der Ernte zu errechnen und den erzielten Gewinn für ihren Nachwuchs auf einem Sparbuch anzulegen.

Die Mitglieder konnten das Baumaterial für ihre Hütten zu einem Preis erstehen, der unter dem Materialwert lag. Darüber hinaus konnten sie über den Verein im Winter billige Kohlen beziehen, Sparvereinen beitreten, nicht versicherte Familienmitglieder in Krankenhäusern behandeln lassen und noch einiges mehr. Der Frauenverein half auch bei unverschuldeten Notlagen. Allerdings durften die Pächter sich nicht „bettelnd" an die Patronatsdamen wenden, sondern diese wurden von sich aus aktiv – ein Indiz dafür, wie weit die Kontrolle der Familienverhältnisse ging. Diese Regelungen hielten so manchen Gartenliebhaber davon ab, sich beim Roten Kreuz um eine Parzelle zu bewerben. Dies wurde auch in der Öffentlichkeit der damaligen Zeit kritisch gesehen. Der französische Journalist Jules Huret etwa nannte die Gärten eine „unter Aufsicht stehende Republik" und den Frauenverein ein „Werk von Besenstielen". Otto Albrecht, der Schriftleiter der proletarischen Berliner Verbandszeitschrift „Der Laubenkolonist" räumte ein, die Kleingärten des Roten Kreuzes seien „netter und adretter" und „in ihrer inneren Ausstattung mehr einheitlich frisiert" als die gewöhnlichen Berliner Laubenkolonien. Aber wohlfühlen könne sich darin nur, wer es von seinem Wesen her ertrage, Geschenke „von oben" anzunehmen.

Doch Kontrolle gab es auch anderswo. Die belgische Kleingartenliga etwa forderte anfangs von den Pächtern eine Heiratsurkunde und verbot Gartenarbeit an Sonn- und Feiertagen. Auch die Bestellung der Parzellen war oft bis ins Kleinste geregelt, etwa wie viel man düngen sollte, wie tief man hacken durfte oder bis wann die Gärten im Frühjahr in einem ordentlichen Zustand zu sein hatten.

*Not macht erfinderisch: zwei Laubenkolonisten im Gespräch über neue „Einnahmequellen" in Zeiten der wirtschaflichen Krise*

Paul Simmel

Lauben-
Kolonisten

„*Wovon lebst du'n jetzt?"* — „*Von zwee Brieftauben. Morgens verkoofe ick sie und abends sind sie wieder da.*"

# Die Jardins Volpette
# in Saint Étienne

Im Jahr 1891 verfasste Papst Leo XIII. seine berühmte Sozialenzyklika *Rerum novarum*, in der er ein stärkeres Engagement der Kirche für soziale Gerechtigkeit einforderte. Auch Félix Volpette, Bauernsohn aus der Auvergne, Jesuitenpater und studierter Theologe und Philosoph, war ein überzeugter Anhänger dieser Thesen. Er war 1890 als geistlicher Berater an das renommierte College Saint-Michel in Saint-Étienne gekommen. Die „schwarze Stadt", Zentrum der Kohleförderung im Loire-Becken und Sitz zahlreicher Waffenfirmen, befand sich damals gerade in einer schweren ökonomischen Krise, was zu hohen Arbeitslosenzahlen und sozialen Unruhen führte.

### Die Armengärten

Pater Volpette begeisterte das Konzept der Armengärten, weil er es als Möglichkeit sah, den Armen zu helfen, ohne ihnen ihre Würde zu nehmen und sie zu Bettlern zu degradieren. Unterstützt von den wohlhabenden Müttern seiner Schüler und den Schülern selbst, die unter anderem eine Tombola veranstalteten, begann er, Brachflächen, vor allem Minengelände, zu pachten und dort Gärten anzule-

gen. Ende 1898 hatte er 400 arme Minenarbeiter-, Schwer- und Hilfsarbeiterfamilien mit Gärten von etwa 350 Quadratmetern Größe versorgt. Besucher waren begeistert und sprachen von einem „irdischen Paradies", einer Wüste, die zu blühen begonnen habe, oder einer „Arche Noah", da in den Gärten auch viel Vieh gehalten wurde.

Im Gegensatz zu den Rotkreuzgärten in Berlin übten der Jesuitenpater und seine Geldgeberinnen nur ein sehr eingeschränktes Patronat aus. Die Pächter der Gärten mussten sich lediglich verpflichten, ihre Parzellen nicht unterzuvermieten, nicht sonn- und feiertags zu arbeiten und nicht das gute Renommee des Projektes zu gefährden. Sie mussten nicht einmal Christen sein und auch eine sozialistische politische Gesinnung war kein Ausschlussgrund. Außerdem wählten die Pächter ihre Verwaltung aus ihren eigenen Reihen.

Erholung im Garten spielte anfangs keine Rolle. Bis auf gepflasterte Wege zwischen den Parzellen wurde das gesamte Land gärtnerisch genutzt. Bäume waren verboten, da sie zu viel Platz wegnehmen würden. Flankiert wurde das Gartenprojekt durch andere

Hilfsmaßnahmen wie Alphabetisierungskurse für die Arbeiter durch Volpettes Schüler oder kostenlose juristische Beratung durch sozial engagierte Rechtsanwälte. Außerdem gründete Pater Volpette eine Kleiderkammer, eine Bibliothek und einen Chor. Als Krönung seines Werkes schwebte ihm eine Gartenstadt vor, in der die Arbeiter in eigenen Häusern wohnen sollten. Also gründete er eine Sparkasse und eine Ziegelei, die aus Kohlenschlacke und anderen billigen Materialien ebenso billige Ziegel produzierte. Bis 1907 wurden 53 Häuser für 103 Familien auf den Gartengrundstücken gebaut, dann erlitt das Projekt wirtschaftlichen Schiffbruch. Auch Kirschplantagen, die den Arbeitern zu mehr ökonomischer Selbstständigkeit verhelfen sollten, waren nicht von Dauer.

Nach Pater Volpettes Tod wurde das Gartenprojekt von den Jesuiten weitergeführt. Heute gibt es in Saint-Étienne etwa 1450 „Jardins Volpette", die mit 150 bis 200 Quadratmetern Fläche kleiner als die „Originale" sind. Dazu kommen 40 Hektar der 1919 gegründeten Féderation des Associations des Jardins Ouvriers et Familiaux de la Loire und 13 Hektar der 1901 gegründeten Association des Mineurs Couriot, sodass Saint-Étienne heute so etwas wie die „Kleingarten-Hauptstadt" Frankreichs ist. Die Gärten liegen meist an den Hängen rund um die Stadt und zeigen das typische Bild vieler französischer Kleingärten: reine Nutzgärten mit kleinen Lauben. Allerdings: Seit sich mehr Frauen in den Gärten engagieren, halten vermehrt Blumen Einzug.

*Blick auf die Arbeitergärten in Saint Étienne*

# Der Kampf für den eigenen Garten

## Laubenpieper und Pflanzervereine

> *Man stelle sich weite, in lauter Rechtecke von 20 Metern Länge und 10 bis 15 Metern Breite eingeteilte Flächen vor; Holzzäune oder auch einfache Drähte trennen die einzelnen Abteilungen voneinander, auf denen sich rohgezimmerte Bretterbuden erheben, deren Dach eine Fahne überragt ... Das nennen die Berliner: „Die Lauben".*
>
> Jules Huret, französischer Journalist (1909)

EIN GEGENENTWURF zu den „Armen- und Arbeitergärten", die der einfachen Bevölkerung „von oben" zur Verfügung gestellt wurden, war das Laubenkoloniewesen – wie beispielsweise in Berlin.

Berlin war in der ersten Hälfte des 19. Jahrhunderts noch eine relativ verschlafene Stadt, in der fast jedes Haus einen Garten hatte. Nach 1850 wurde es im Zuge der dynamischen Industrialisierung Deutschlands zur „Boomtown". Immer mehr Menschen vom Land strömten in die Stadt, um dort Arbeit zu finden. Dies führte bald zu einem gravierenden Wohnungsproblem. 1861 hauste jeder zehnte Berliner in einer Kellerwohnung und fast die Hälfte der Familien verfügte nur über ein beheizbares Zimmer. Noch gab es allerdings auch reichlich Brachflächen in der Stadt. 1862 pachtete deshalb eine Gruppe vom Umland zugezogener Neu-Berliner die Schlächterwiesen vor dem Kottbuser Tor und legte dort, wo heute das Kreuzberger Urban-Krankenhaus steht, private Gemüsegärten an. Die Lebensmittelpreise können hierzu nicht den Ausschlag gegeben haben. Die Lebenshaltungskosten waren zu dieser Zeit noch niedrig. Den Pächtern ging es wohl eher darum, den Bezug zum ländlichen Leben nicht ganz zu verlieren. Auf jeden Fall entstand so Berlins erste, nicht „von oben" initiierte Kleingartenkolonie.

*Ein Laubenpieper und sein treuer vierbeiniger Gefährte schauen aus dem gemeinsamen Gartenhäuschen, das auf den Namen „Anna's Ruh" getauft wurde.*

Nur wenige Jahre später setzten in der Stadt massive Bodenspekulationen ein, die die Preise nach oben schnellen ließen. Ganze Karrees wurden mit Wohnblöcken verbaut und binnen Kurzem errichtete man auch in den Hinter- und Innenhöfen, die eigentlich für Gärten vorgesehen waren, weitere Wohnungen, Werkstätten und Stallungen. Zwischen 1880 und 1900 wuchs die Bevölkerung der Stadt um mehr als das Doppelte, von 0,75 auf 1,9 Millionen. Die Wohnverhältnisse entwickelten sich entsprechend katastrophal. Die Bevölkerungsdichte war damals in Berlin doppelt und dreifach so hoch wie in anderen Großstädten. Betten wurden an Schlafgänger vermietet, oft sogar im Schichtbetrieb. In einer Wohnung, die aus Küche, Stube und Kammer bestand, lebten bis zu 15 Personen. Der Willkür der Vermieter waren unter diesen Bedingungen kaum Grenzen gesetzt. Mietverträge wurden in der Regel nur für ein halbes Jahr geschlossen. Immer zum 1. Oktober und 1. April mussten massenhaft Menschen umziehen, weil sie ihre bisherigen Wohnungen nicht mehr bezahlen konnten oder ihre Vermieter sie aus einem anderen Grund loswerden wollten.

**Umzugschaos in Berlin**
Am 1. April 1871 eskalierte die Situation. Laut zeitgenössischen Berichten waren die Straßen Berlins mit umziehenden Menschen verstopft und gesäumt von Möbeln, die aus den alten Wohnungen geschafft worden waren und mit Handkarren nach und nach in die neuen gebracht wurden.

Doch nicht jeder hatte ein neues Zuhause gefunden. Anstatt nun in den Armenhäusern um Aufnahme zu bitten, wie es bis zu diesem Zeitpunkt meist geschehen war, begannen die Obdachlosen, sich auf den Brachflächen vor dem Kottbuser und Frankfurter Tor niederzulassen und Barackensiedlungen zu bauen, die durch Neuzuzügler vom Land schnell anwuchsen. Ihr Baumaterial organisierten sich die Notleidenden größtenteils von Abrissbaustellen. Manche lebten sogar in selbst gegrabenen Erdhöhlen. Um ihre armseligen Quartiere zogen sie provisorische Zäune und legten Gärten an. Aus den spontan errichteten Slums entwickelten sich nach und nach wilde Kleingartenkolonien.

„Ein Idyll, könnte man sagen", schrieb die „Illustrierte Zeitung" 1872 über „Barackia" am Kottbuser Tor, „wenn nicht ein Blick in die Hütten, meist nur mit einem Bett für mehrere Menschen versehen, nicht der Anblick der vor dieser oder jener noch unfertigen Bude aufgestapelten Habseligkeiten so vielfach die bitterste Armut dieser Familien verriete. Aber die zahlreichen Kinder sind froh und guter Dinge. Zwischen den Feldern und Beeten ziehen sich schmale Stege nach den Häusern hin ... Da kocht

*Auch der Berliner Zeichner Zille nahm sich des Gartenlebens an, hier seine Grafik „In der Laubenkolonie" von 1909.*

die Mutter die Abendsuppe, dort bewacht ein kleines Mädchen einen Säugling, ein alter Mann, dem Anschein nach ein Invalide, reinigt sein Salatbeet von Unkraut; hier und da ist man mit dem Aufbau einer neuen Bude, mit der Vergrößerung einer Wohnstätte beschäftigt, ein anderer pflanzt Bohnen."

,, *Wer Jott vertraut und Bretter klaut, sich eine feine Laube baut.* ''
Berliner Schnauze

*Das Innere einer Laube in der Barfußstraße der Laubenkolonie Neu Holland 1919. Fünf Personen bewohnten auf Dauer diese Laube.*

## Armensiedlung auf Spekulationsland

Die neu entstandenen Barackensiedlungen wurden im Verlauf des Jahres 1872 von der Polizei aufgelöst. Die Wohnungsnot blieb, obwohl immer mehr Brachen bebaut wurden. Erst im Zentrum, dann immer weiter an der Peripherie. Dies begünstigte so manche groß angelegte Bodenspekulation. Baugesellschaften kauften Land und warteten dann ab. In der Regel dauerte es nur einige Jahre, bis die Stadt sich weiter ausdehnte und die Preise in die Höhe schossen. Diese für eine bestimmte Zeit ungenutzten Flächen bescherten den Berlinern jedoch reichlich Gartenland. Wie und wo der Anfang gemacht wurde, ist nicht bekannt. Jedoch wurde es schnell üblich, dass die Spekulanten das Land an Generalpächter vermieteten. Diese wiederum teilten es in Parzellen und verpachteten es als Kleingärten weiter. Die Nachfrage war riesig, obwohl die Preise sehr hoch und die Verträge meist auf ein Jahr beschränkt waren. Vor allem Menschen, die aus ihren Dörfern in die Stadt gekommen waren, wollten sich auf diese Weise ein kleines Stückchen Grün bewahren. So war es gang und gäbe, Geflügel und Kaninchen, ja sogar Schafe, Ziegen und Schweine in den Gärten zu halten. Der französische Journalist Jules Huret beschrieb sie als „nur kleine, aus Abbruchholz erbaute Baracken, auf einer kleinen Fläche sandigen Bodens." Verglichen mit den Rotkreuzgärten fand er sie „etwas anarchistisch."

Der Grund für die karge Ausstattung der Landparzellen war nicht nur Armut. Wegen der kurzen Pachtzeiten lohnte es sich nicht, Büsche oder Bäume anzupflanzen. Auch die Lauben wurden möglichst schnell und billig zurechtgezimmert. „Ein paar Bretter zusammengenagelt, Dachpappe darüber und ‚fertig ist die Laube‘", spottete der Berliner Gartenarchitekt Hermann Wolff 1917 in „Möllers Deutscher Gärtner-Zeitung". Laut Polizeivorschrift mussten die ersten Lauben sogar nach allen Seiten offen sein, damit niemand dauerhaft darin wohnen konnte.[6] Doch es gab genügend Menschen, die es trotzdem taten, in Ermangelung einer bezahlbaren Wohnung.

Die Berliner Kolonisten standen zwar nicht unter der Aufsicht wohlmeinender „Patronatsdamen", waren dafür aber den Launen der Generalpächter vollkommen ausgeliefert. Friedrich Coenen, der 1911 eine Bestandsaufnahme über das Berliner Laubenkoloniewesen und seine Mängel veröffentlichte, merkte besonders kritisch an, dass der Generalpächter auch die Lizenz für den Getränkeausschank in den Kolonien hatte. So hatten jene Pächter, die ihm den meisten Umsatz brachten, auch die besten Karten, ihre Pacht verlängert zu bekommen, während der Abstinenzler die Kündigung riskierte „und dass er all den Schaden und den Schmerz hat, wenn er nach Jahresfrist seine Laube abreißen und seine Anpflanzungen entweder ausgraben oder im Stich lassen und seine weinenden Kinder von ihren selbst gepflegten Blumenbeetchen gewaltsam wegbringen muss." Auch in bürgerlichen Kreisen genossen die Laubenkolonien teilweise keinen guten Ruf, da man vermutete, dass die Unterschicht sich dort mehr zum Trinken als zum Gärtnern treffe.

## Der kleine Mann und die Tomaten

Auch in Hans Falladas berühmtem Roman *Kleiner Mann – was nun?* müssen der arbeitslose Johannes Pinneberg und seine Familie im Krisenjahr 1932 illegal in eine Laube, 40 Kilometer von Berlin entfernt, ziehen. Fallada selbst lebte in fast ebenso misslichen Verhältnissen in Altenhagen bei Berlin, als er den Roman verfasste. Immerhin in einem Häuschen, 52 Quadratmeter groß mit 100 Quadratmetern Garten, wo es ihm nach eigenen Angaben angeblich gelang, über einen Zentner Tomaten von sechs Stauden zu ernten.

*Sechsmal spuckste in die Hände, aber danach ruhste aus und marschierst zum Wochenende quietschvergnügt nach Treptow raus. Haste noch so viele Sorjen, darf dir nie verjehn dein Witz: Mensch, denk an den Sonntagmorgen und an deinen Grundbesitz.*

    „Wat braucht der Berliner, um jlücklich zu sein?",
Text von Werner Hassenstein, gesungen von Claire Waldoff (um 1928)

..........................................

[6] Durch die dünnen Wände dieser windigen Bauten war oft „jeder Pieps" von den Nachbarn zu hören. Dies soll auch der Ursprung für die Bezeichnung „Laubenpieper" sein. Selbst bezeichneten sich die frühen Laubenkolonisten meist als Ackerbürger oder Pflanzer.

*Der berühmte Berliner Fotograf Otto Haeckel zeigt 1906 eine Laubenpieperfamilie, die vor ihrem Schreberhäuschen dem Grammophon lauscht.*

## Glückliches Laubenleben

Tatsächlich spielte Geselligkeit eine immer größere Rolle. Gerade diejenigen, die in viel zu kleinen, unzureichenden Wohnungen hausen mussten, empfanden die Zeit in der Laube als kleines Stückchen Freiheit. Man hatte mehr Platz, Freunde einzuladen, und konnte lauter und ausgelassener sein. Auch die Kinder hatten Auslauf. Dazu waren selbst einfachste Lauben und das Grün darum herum vielfach gemütlicher als die dunkle, feuchte Kellerwohnung. Außerdem gab es in den Kolonien, wie Friedrich Coenen berichtet, alle paar Wochen irgendein Fest. Der Anlass war egal. Die meisten Erntefeste fanden an schönen Sommertagen statt, nicht erst im Herbst, wenn es wirklich etwas zu ernten gab. Zum Programm gehörten Umzüge, Buden, Kinderbelustigung, reichlich Essen und Trinken, Musik, Auszeichnungen für das größte Gemüse sowie diverse Verlosungen. „Wat braucht der Berliner, um jlücklich zu sein?", sang die „Kabarettkönigin" Claire Waldoff, „'ne Laube, 'n Zaun und 'n Beet! Wat braucht der Berliner 'nen heurigen Wein, wenn vor ihm sein Weißbierglas steht?" Und in ihrem Lied „Die Laubenkolonie" hieß es: „Jibt es denn wat Besseres als wie Frühlingsluft und den Blütenduft und den Sonnenschein und die Vögelein – Tititirili – in die Laubenkolonie?"

Die Laube wurde gerade bei der einfachen Bevölkerung Teil ihrer Lebenskultur, auch wenn es mit dem gärtnerischen Know-how nicht immer weit her war. In einem Aufsatz von 1904 jedenfalls wurde die Meinung vertreten, die geborenen Berliner seien im Gegensatz zu den Zuzüglern vom Land keine guten Kolonisten. Sie hätten wenig Ausdauer und Verständnis für die Gartenarbeit und benutzten ihre „Laubengärtchen lieber dazu, um mit guten Freunden einen gemütlichen Abend im Freien zu verkneipen und draußen Skat zu spielen". In der Zeitschrift „Der Bär" hieß es, der Anbau von Obst und Gemüse in den Kleingärten sei angesichts der hohen Pachtpreise und anderer Auslagen sowieso kaum rentabel: „Aber es ist eine heitere Abwechslung, etwas Landluft in der städtischen Asphaltatmosphäre, etwas

Natur in dem ewigen Einerlei der maschinenmäßigen Alltagstätigkeit. Und der gesunde Sinn der arbeitenden Bevölkerung, der der Natur noch näher steht – ein großer Teil stammt vom Lande und hat dort noch Verwandte –, findet leichter den richtigen Weg, um das seinem Leben Fehlende genussfreudig und harmlos hinzuzugewinnen, als der an alle möglichen Rücksichten, an wirkliche oder eingebildete Standesnotwendigkeit gebundene Mittelstand." Tatsächlich ließ sich im Zuge der Kleingärtnerbewegung beobachten, dass Männer vermehrt ihre Freizeit mit der Familie im Garten verbrachten, anstatt aus den überfüllten Wohnungen ins Wirtshaus zu flüchten. Dass die Männer dann in der Laube bei Bier und Skat zusammensaßen, während die Frauen Bohnen putzten, steht auf einem anderen Blatt.

**Teures Vergnügen**
Dieses kleine Glück wurde jedoch nicht nur durch die kurzen Pachtzeiten, sondern auch durch ständig steigende Preise bedroht. 1909 stellte die Vereinszeitschrift „Der Laubenkolonist" fest, dass die Pachtpreise seit der letzten Verpachtung „durch die gegenseitige Preistreiberei der Generalpächter" um 300 Prozent in die Höhe geschnellt seien. Vor dem Ersten Weltkrieg wurden teilweise bis zu 20 Pfennig Jahrespacht pro Quadratmeter verlangt – während kleine Einkommen oft nicht einmal bei 100 Mark im Monat lagen. Zum Vergleich: Heute betragen die Pachtpreise in Deutschland im Schnitt 17 Cent.

Berlin war mit etwa 40.000 bis 50.000 „Laubenpiepern" vor dem Ersten Weltkrieg die unangefochtene Hauptstadt der Kleingärtner im Deutschen Reich. Andere Zentren waren Leipzig, Kiel, Hannover, Bremen, Dresden, Flensburg, Hamburg, Lübeck, Erfurt, Frankfurt am Main, Ulm und Magdeburg. Die Kleingartenkultur war also vor allem ein Phänomen der Großstädte, und zwar der norddeutschen mehr als der süddeutschen. Das System der Generalpacht

*Der Kleingarten als kleines Stückchen Freiheit: Gesellig geht es auf dem Erntefest einer Berliner Laubenkolonie um 1920 zu, ein idealer Ausgleich zur muffeligen Wohnung.*

gab es außer in Berlin noch in Bremen, Hamburg, Leipzig, Altenburg und Nürnberg, jedoch in geringerem Umfang. Anderswo entstanden die meisten Kleingärten auf öffentlichem Grund, der von den Kommunen oder der Reichsbahn zur Verfügung gestellt wurde. Daneben gab es in geringerem Umfang Fabrik- und Wohlfahrtsgärten und Einzelverpachtungen von Privatland.

## Vereinigt für mehr Rechte

Organisation macht stark. Das war die Erfahrung der Arbeiterbewegung im ausgehenden 19. Jahrhundert und so gründeten die vornehmlich aus der Arbeiterschaft stammenden Laubenkolonisten 1901 die „Vereinigung sämtlicher Pflanzervereine Berlins und Umgebung", um sich gegen die Willkür der Generalpächter zur Wehr setzen zu können. Der Name war jedoch Augenwischerei. Tatsächlich fanden sich Pächter von acht Laubenkolonien zusammen. Die Hauptforderung des Verbandes galt der Einrichtung bezahlbarer Dauerkolonien. Denn da sie sich meist auf Bauerwartungsland befanden, wurden viele Kolonien innerhalb weniger Jahre in Bauland umgewandelt. Neue Gärten konnten dann oft nur an den immer weiter nach draußen wandernden Rändern der Stadt gefunden werden. Gerade für kinderreiche Familien waren die Fahrtkosten dorthin oft unerschwinglich. „Kinderwagenentfernung" hieß das zeitgenössische Schlagwort für eine noch sozial verträgliche Distanz zwischen Wohnung und Laube. Darüber hinaus wollte der Verband die Kolonisten durch Vorträge und Fachliteratur für die Gartenarbeit schulen, ihnen Rechtsschutz gewähren und Einkaufsgemeinschaften bilden, um billiger an Saatgut, Kartoffeln oder auch Presskohlen zu kommen.

Die Generalpächter reagierten prompt, indem sie ihren Pächtern mit dem sofortigen Entzug ihrer Parzelle drohten, sollten sie der Vereinigung beitreten. Auch die Berliner Stadtverwaltung verbot Versammlungen in den Kolonien und führte Razzien durch, da man sozialistische Umtriebe fürchtete. Andererseits kam die Stadt der Forderung nach Dauerkolonien entgegen, indem sie ab 1906 städtisches Land verpachtete. So wurden auf den ehemaligen Rieselfeldern bei Blankenburg 7000 Gärten eingerichtet, die nur 3,5 Pfennig Pacht pro Quadratmeter kosteten und Spielplatz und Toiletten besaßen.

„ „ *Laube, Liebe, Hoffnung* „ „

Heinrich Zille, Berliner Milieu-Grafiker

Doch es gab nicht nur die proletarischen Laubenkolonisten. 1909 wurde ein zweiter Kleingärtnerverband gegründet, dessen erster Vorstand der Gründer der Rotkreuzgärten, Geheimrat Alwin Bielefeldt, wurde. Die Berliner Vereinigung, die sich inzwischen „Bund der Laubenkolonisten" nannte, wurde eingeladen, beizutreten, weigerte sich aber. „Das gesamte Kleingartenwesen unserer Zeit ist in seinem Kern echt proletarisch", erklärte einer der Wortführer, Otto Albrecht. Deshalb dürfe die Kleingartenbewegung nicht mehr „bürgerlich-patriarchalisch beeinflusst und am Gängelbande pietistischer und nationalistisch-monarchistischer Bestrebungen geführt" werden.

Albrecht ignorierte dabei allerdings, dass die „Wohltätigkeitsgärten" nur einen verschwindend geringen Anteil ausmachten und es durchaus eine bürgerliche Kleingartenbewegung gab. Zwar gehörten die Trägervereine der karitativen Arbeitergärten dem Zentralverband an, aber eben auch über 700 Eisenbahn-Gartenvereine, etwa 40 Schrebervereine, die Vereine der Naturheilbewegung, die Gartenstadt-Gesellschaft und die Magistrate einiger Städte wie Danzig, Fürth, Oppeln, Altona oder Zehlendorf. Außerdem entwarf Alwin Bielefeldt Richtlinien für ein künftiges Kleingartengesetz, die gerade auch den Interessen der ärmeren Kleingartenbesitzer entsprachen: zum Beispiel öffentliche Förderung durch Bereitstellung von Flächen in Wohnungsnähe, Pachten, die nicht über

### KÖNIGLICHER WIDERSTAND IN POTSDAM

In Berlins Nachbarstadt kamen Kleingärten erst relativ spät auf. Noch 1825 kaufte König Friedrich Wilhelm III. das Gut Charlottenhof, das an den Schlosspark von Sanssouci grenzte, da er Angst hatte, dass dort ansonsten Kraut- und Rübenäcker für Arme entstehen und ihm die Aussicht vermiesen könnten. Er schenkte Charlottenhof seinem Sohn, der dort von Schinkel ein Schlösschen erbauen ließ, das heute in den Park integriert ist. Die erste Potsdamer Kleingartenanlage entstand im Jahr 1900 am Hinzenberg auf Betreiben mittelständischer Handwerker.

denen einer landwirtschaftlichen Nutzung lagen, langfristige Pachtverträge und gemeinnützige Vereine als Träger der Kolonien anstatt der Generalpächter.

## Die internationale Entwicklung

1903 wurde in Paris die erste internationale Kleingartenkonferenz abgehalten, 1906 die zweite und 1910 die dritte, diesmal in Brüssel während der dortigen Weltausstellung. Kleingärten gab es inzwischen in den meisten europäischen Ländern, jedoch waren die Zahlen oft bescheiden. England und Deutschland stellten mit Abstand die Mehrheit. Frankreich etwa kam auf nur etwa 17.000 Parzellen, Belgien auf 2000. 1926 gründeten die Verbände aus Deutschland, Belgien, England, Frankreich, Luxemburg, Österreich und der Schweiz den ersten europäischen Kleingartenverband. Doch die Bewegung war nicht auf Europa beschränkt. Als die USA gegen Ende des 19. Jahrhunderts von einer Wirtschaftskrise erfasst wurden, verpachtete der Bürgermeister von Detroit Gemeindeland an die Familien von 1000 arbeitslosen Fabrikarbeitern, damit diese dort „potato patch gardens" anlegen konnten. Die Stadt investierte dafür 3000 Dollar. Der Ertrag der Gärten belief sich im ersten Jahr auf 12.000 Dollar, die die Kommune an Zuschüssen einsparen konnte. Andere große amerikanische Städte, darunter New York, Denver, Chicago und Minneapolis, folgten dem Beispiel.

# Berlins Garten Eden

— ◦•◦ —

Die Obstbaukolonie Eden in Oranienburg, nördlich von Berlin, war eines der Vorzeigeprojekte der Lebensreformbewegung. Sie wurde am 28. Mai 1893 in einem vegetarischen Berliner Restaurant auf Betreiben des Fabrikantensohnes Bruno Wilhelmi gegründet. Wilhelmi war 1887 nach Brasilien gegangen, hatte dort für das Unternehmen seines Vaters gearbeitet, aber nach zwei Jahren wegen angeschlagener Gesundheit zurückkehren müssen. Er wandte sich der Naturheilbewegung zu, gab das Rauchen auf und wurde Vegetarier. Mit seinen neuen Freunden wollte er auf dem Land einfach und naturgemäß leben. Eden sollte eine Genossenschaft werden, deren Mitglieder durch den Anbau von Gartenprodukten, vor allem von Obst, einen Teil ihres Lebensunterhaltes bestreiten. Gesucht wurden Vegetarier, Antialkoholiker und Nichtraucher, die möglichst viel vom Land- und Gartenbau verstanden.

Tatsächlich waren es dann eher gärtnerische Laien, die bereits am 12. Juli 1893 eine 40 Hektar große Schafwiese bei Oranienburg kauften. In den Anfangstagen gab es nicht wenig Streit, da das Projekt auch Dogmatiker und „Sonntagsaussteiger" anzog, die über mehr missionarischen Eifer als praktischen Lebenssinn verfügten. Außerdem hatte man zwar günstigen, aber dafür besonders sandigen Boden gekauft. Trotzdem gelang es, in mühevoller Arbeit je 2800 Quadratmeter große Parzellen anzulegen, die mit Hecken eingefasst, mit Einfamilienhäusern bebaut und mit Obst- und Beerensträuchern bepflanzt wurden. 1898 begann die Genossenschaft mit der Produktion von Säften, Marmeladen und Fruchtmus – anfangs noch im Waschkessel.

### Genossenschaftliche Vermarktung

In den ersten Jahren erwies sich die Vermarktung noch als äußerst mühevoll, nach der Jahrhundertwende entwickelte sich Eden jedoch erfolgreich. In den neuen Reformhäusern waren Eden-Produkte „naturrein, ungegoren, von großem Nährgehalt, ohne chemische Konservierung" ein Verkaufsschlager. Die Produktpalette wurde um die erste rein pflanzliche Margarine, einen Fleischersatz, Gemüsesäfte und Frischsauerkraut erweitert. Die anfänglich private Obstverwertung wurde immer weiter zentralisiert und professionalisiert. Man baute

eine große Obstverwertungsan-
lage und verdreifachte zwischen
1913 und 1929 den Umsatz. Aus
den Gewinnen bekam Eden unter
anderem ein Gemeinschaftshaus,
einen Kindergarten und ein Ent-
bindungsheim. Nun bauten nicht
mehr alle Genossenschafter Obst
an. Für diejenigen, die anderswo
arbeiteten oder etwa als Bäcker,
Schneider, Weber oder Schuhma-
cher bei Eden beschäftigt waren
und weder Zeit noch Interesse
für die Pflege großer Obstgärten
hatten, begann man auch kleinere
Grundstücke auszuweisen.

Ideologisch waren die Siedler
ein bunter Mix. Viele waren von
rechtsradikalem, „völkischem" Ge-
dankengut erfasst, andere dagegen
standen links. Franz Oppenheimer,
der Erfinder der jüdischen Kibbu-
ze, war ebenso mit Eden verbunden
(lebte aber nicht in der Siedlung,
da er nicht auf Alkohol, Zigaret-
ten und Fleisch verzichten wollte)

wie Silvio Gesell, Begründer der
Freiwirtschaftslehre, oder Winifred
Wagner, enge Freundin und frühe
Förderin von Adolf Hitler. In der
Nazizeit wurde die Genossenschaft
gleichgeschaltet, in der DDR durften die Siedler ihre im Erbbaurecht
erworbenen Grundstücke zwar
behalten, neue Erbbauverträge
wurden jedoch untersagt und die
Obstverwertung in einen Volks-
eigenen Betrieb verwandelt. Diesen
befand die Treuhand nach der
Wende für unrentabel und legte
ihn still. Die Siedlungsgenossen-
schaft besteht jedoch weiter und
präsentiert sich heute als ökologisches Modell, zu dem viele Projekte
gehören, etwa ein Seniorenwohn-
park, ein Kindergarten, eine freie
Schule, eine Musikwerkstatt, Hof-
laden und Café und auch wieder
ein Garten- und Obstbaubetrieb.
Darüber hinaus sind alle Bewohner
verpflichtet, ihre Gärten ökologisch
und vorwiegend als Nutzgärten zu
bestellen.

*Ehemalige Mosterei der „Eden Gemeinnützige Obstbau-Siedlung" in Berlin*

# Raus aus den Mietskasernen, rein in die Natur!

Gartenstadtbewegung, Lebensreform, Nudisten und Freigeister

*Eine Gartenstadt ist eine Stadt, die für gesundes Leben und Arbeiten geplant ist; groß genug, um ein volles gesellschaftliches Leben zu ermöglichen, aber nicht größer.*

Ebenezer Howard in *Tomorrow*, 1898

DER ÜBERGANG vom 19. zum 20. Jahrhundert war die Ära zahlreicher Reformbewegungen. Sie kämpften jede für sich gegen ungesunde Wohn-, Lebens- und Arbeitsverhältnisse, soziale Missstände, die politische Klassengesellschaft, die Schattenseiten des Frühkapitalismus, verkrustete Gesellschafts- und Moralvorstellungen, für mehr Freiheiten in allen Bereichen und vieles mehr. Diesen unter dem Begriff Lebensreform zusammengefassten vielgestaltigen zivilisationskritischen Bewegungen waren vor allem die schädlichen Auswüchse der modernen Industriegesellschaft ein Dorn im Auge. Sie forderten unter anderem bereits damals eine nachhaltige, ökologische Landwirtschaft, Naturheilkunde und vegetarische Ernährung. Manche waren dabei durchaus pragmatisch orientiert. Andere hingen esoterischen Philosophien an und vertraten eher skurrile Thesen.

### Die Gartenstadtbewegung

Im Jahr 1898 veröffentliche der britische Stenotypist Ebenezer Howard sein wegweisendes Buch *Tomorrow – A Peaceful Path to Real Reform*, in der er sein Prinzip der Gartenstadt vorstellte. Dabei ging es ihm nicht nur darum, „grüne" Städte oder Stadtviertel zu errichten, in denen jedes Haus wieder einen Garten bekam. Solche Städte waren in der zweiten Hälfte des 19. Jahrhunderts bereits zahlreich entstanden. Doch es waren Villenkolonien für die reiche Oberschicht, die der Enge und dem Mief der Städte entfliehen wollte. Der Gartenstadtbewegung, die sich auf Howards Buch hin formierte, ging es jedoch um bezahlbaren, gesunden Wohnraum für jedermann, vor allem auch für die einfachen Arbeiter. Howard schwebten Städte im Grünen

*Für potenzielle Bewohner der ersten englischen Gartenstadt Letchworth wurde 1907 eine Ausstellung organisiert, bei der sie sich die Grundrisse der Häuser anschauen konnten.*

139

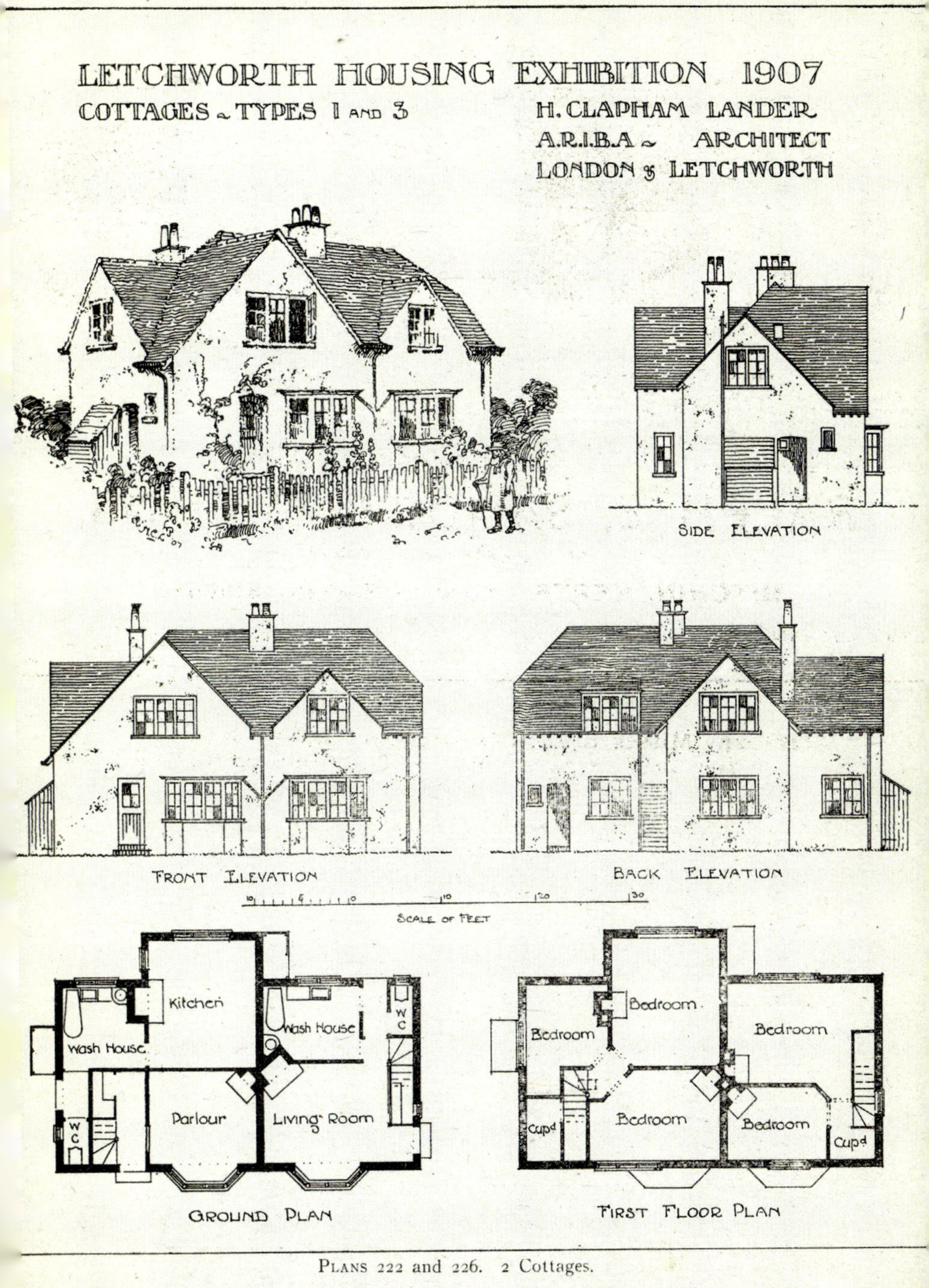

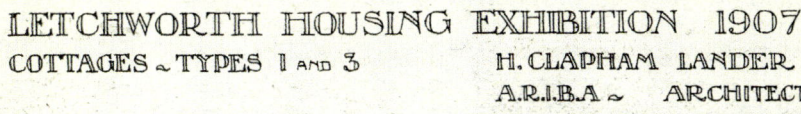

LETCHWORTH HOUSING EXHIBITION 1907
COTTAGES ~ TYPES 1 AND 3     H. CLAPHAM LANDER
                            A.R.I.B.A ~   ARCHITECT
                            LONDON & LETCHWORTH

SIDE ELEVATION

FRONT ELEVATION     BACK ELEVATION

SCALE OF FEET

GROUND PLAN     FIRST FLOOR PLAN

Wash House

Kitchen

Wash House

WC

WC

Parlour     Living Room

Bedroom

Bedroom     Bedroom

Cup'd     Bedroom     Bedroom     Cup'd

PLANS 222 and 226.   2 Cottages.

von begrenzter Größe (30.000 bis 50.000 Einwohner) vor. Um jede Boden-spekulation zu vermeiden und die Mieten möglichst billig zu halten, sollten Häuser und Land genossenschaftlich von den Einwohnern verwaltet wer-den und die erwirtschafteten Erträge der Gesamtheit der Genossenschaft zugutekommen. Howard sah diese Städte als organische Einheiten – aus Wohnen, Arbeiten, Erholung und Kultur. Auf keinen Fall wollte er reine Schlafstädte im Grünen schaffen. Selbst Industrieanlagen gehörten für ihn zur Gartenstadt, um gut erreichbare Arbeitsplätze zu bieten. Sie sollten aber – damals ein völlig neuer Gedanke – in ei-genen, begrenzten „Industriegebieten" angesiedelt werden, wo sie die Wohnqualität möglichst wenig beeinträchtigten.

*Wie viele Stadtentwürfe vom Reißbrett sind auch Howards Vorstellungen sehr geometrisch. Um einen „Central Park" gruppieren sich die Wohnviertel in konzentri-schen Kreisen.*

In England entstand 60 Kilometer von London entfernt mit Letchworth 1903 die erste derartige Stadt. Das Ex-periment erregte große Aufmerksamkeit und zog „mit magnetischer Kraft jeden Fruchtsaftapostel, Nudisten, Sandalenträger, Sexverrückten, Quäker, Naturheilpfu-scher, Pazifisten und Feministen in England wie magisch an sich", wie der Schriftsteller George Orwell lästerte. Howard selbst war die Stadt zu wenig städtisch und zu „grün". Tatsächlich entwickel-te sie sich mehr zu einer angenehmen Wohnstätte für Arbeitspendler nach London, als dass sie – trotz genossenschaftlicher Verwaltung – einen radikal neuen Wohn- und Lebensentwurf aufzeigte.

## Deutsche Anfänge

In Deutschland hatten Künstler und Intellektuelle 1902 die Deutsche Gar-tenstadt-Gesellschaft gegründet, die sich vor allem die Verbreitung der Gartenstadtidee auf ihre Fahne geschrieben hatte. 1909 beschloss dann der Möbelfabrikant Karl Schmidt, nördlich von Dresden in Hellerau nicht nur neue Fabrikhallen für seine Firma zu errichten, sondern auch eine da-zugehörige Gartenstadt, in der seine Arbeiter wohnen konnten. Schmidt war mit praktischen, billigen, leicht montierbaren Möbeln zu Wohlstand gekommen. Seine Möbelstücke wurden zwar mit Maschinen in Serie ge-fertigt, aber von Künstlern entworfen. Auch für den Bau der Gartenstadt Hellerau engagierte Schmidt bekannte Architekten. Richard Riemerschmid etwa plante die Werkstätten und eine Wohnsiedlung für die Arbeiter. An-dere Teile der Stadt wurden von Heinrich Tessenow, Hermann Muthesius, Bruno Paul oder Theodor Fischer entworfen. Auch hier zog das Experi-ment zahlreiche Anhänger der Lebensreformbewegung an. Dazu gehörte der Schweizer Komponist und Musikpädagoge Emile Jacques-Dalcroze, für den Schmidt durch Heinrich Tesserow ein Festspielhaus errichten ließ, das in der Folgezeit zu einem Zentrum für modernen Ausdruckstanz wurde. Trotzdem wurden auch in Hellerau die Gartenstadtideale nur zum Teil ver-wirklicht. So hatten die Arbeiterhäuser weder Waschküche noch Badezim-mer. Stattdessen gab es ein zentrales Waschhaus für alle. Trotzdem lagen die Mieten am Ende über den Marktpreisen, sodass sich nur die besser ver-

dienenden Arbeiter der Möbelwerkstätten leisten konnten, hier zu wohnen. Die anderen bevorzugten den konventionelleren, aber billigeren Nachbarort Klotzsche, der zudem noch über zahlreiche Infrastruktureinrichtungen verfügte,

*Ländliche Idylle mit schmucken Häusern in der Gartenstadt Letchworth*

die für Hellerau zwar geplant, aber nicht von Beginn an realisiert worden waren. Mit 100 bis 200 Quadratmetern waren die zu den Arbeiterhäusern gehörenden Gartenparzellen nicht besonders groß.

Eine Vielzahl weitere „Gartenstädte" hatten mit den Visionen der Lebensreformer noch weniger zu tun. So ließen vereinzelt Fabrikbesitzer für ihre Arbeiter menschenfreundliche Siedlungen im Gartenstadtstil bauen. Die von Margarethe Krupp in Essen gestiftete Margarethenhöhe mit über 3000 Wohnungen ist so ein Beispiel. Die Häuser waren für die damalige Zeit mit Kachelofenheizung, Bad und Wasserklosetts sehr komfortabel. Ein anderes Beispiel ist die von der Ilse Bergbau AG in Brieske bei Senftenberg gebaute Arbeitersiedlung Marga. Die Siedlung ist mit 78 Häusern vergleichsweise winzig, entspricht aber im Aufbau Howards Visionen. Um einen auf dem Reißbrett entworfenen Dorfkern im traditionellen Kleinstadtstil mit allen notwendigen Infrastruktureinrichtungen gruppieren sich ringförmig Häuser und Gärten.

Insgesamt entstanden zu Beginn des 20. Jahrhunderts viele Dutzend Siedlungen oder Stadtteile mit Gartenstadtcharakter. Allerdings waren sie weder selbstständige Städte noch genossenschaftlich organisiert. Dennoch wäre es eine zu kurz greifende Bewertung, die Gartenstadtbewegung als unverwirklichte Vision abzutun. Denn eines ist nicht zu leugnen: Ihre Prinzipien führten nicht nur dazu, dass auch für Menschen mit niedrigen oder mittleren Einkommen wieder mehr Häuser mit Garten geplant und errichtet wurden. Nach dem Ersten Weltkrieg wurde es zur Leitlinie einer neuen Architektengeneration, bezahlbaren und gesunden Wohnraum zu schaffen – teils mit, teils ohne Garten. Bauhaus-Leiter Walter Gropius etwa war bemüht, Grundrisse so weit zu optimieren, dass möglichst viel Licht und Luft in die Wohnungen kommt. Sein Kollege Bruno Taut entwarf vorbildliche Großsiedlungen wie die Gartenstadtkolonie Reform in Magdeburg, die Gartenstadt Falkenberg (Tuschkastensiedlung) in Berlin oder die Großsiedlung Onkel Toms Hütte, in der zumindest ein Teil der Wohnungen Gärten hat. Ein- und Zweifamilien- oder Reihenhäuser mit Garten gehören seitdem zum anerkannten Standardrepertoire in der Stadtentwicklung. Auf diese Weise hat die Gartenstadtbewegung zu einer bedeutenden Veränderung in der Stadtplanung beigetragen. In der Kleingartenbewegung war sie nicht mehr als ein Randbereich. Zwar kämpfte auch sie für mehr private Nutzgärten, sah die Lösung allerdings eher in der Renaissance des klassischen Hausgartens.

## Nackt im Lichtbad – in Landkommunen zum besseren Leben

*Seebad Schreberplatz. Keine Kurtaxe! Unentgeltliche Behandlung durch Dr. Luft, Dr. Licht und Dr. Sonne.*
Aus der Werbung für ein Planschbecken
in einer Schreberanlage (Leipzig um 1929)

Vielen der „Fruchtsaftapostel, Nudisten und Sandalenträger", um es mit Orwell zu sagen, waren die Gartenstädte zu groß, zu anonym und zu konventionell. Sie versuchten, in Landkommunen im kleinen Kreis ein radikal anderes Leben zu führen. Laut Julius Sponheimer, Herausgeber der Zeitschrift „Hinaus aufs Land", gelte es, „die Macht der Stadtkultur zu brechen durch Gründung von Siedlungen auf dem Lande, bei denen der Boden nicht von Einzelnen monopolisiert wird." Im österreichischen Ober St. Veit gründete beispielsweise der Maler Karl Wilhelm Diefenbach die Landkommune „Himmelhof". Der von Zeitgenossen als „Kohlrabi-Apostel" verspottete Diefenbach war radikaler Pazifist, Vegetarier, Anhänger der Freikörperkultur und Gegner der Monogamie. Von seinen etwa 20 „Jüngern" in der Kommune verlangte er bedingungslose Unterordnung und Gehorsam, was zum Scheitern des Experiments führte. Trotz dieser ersten, im Endeffekt nicht sonderlich positiven Erfahrungen faszinierte die Vorstellung eines freien, nach eigenen Vorstellungen selbstbestimmten Lebens seine Anhänger unvermindert. Sein Schüler Gusto Gräser gründete in der Folge mit seinem Bruder Karl, dem belgischen Fabrikantensohn Henri Oedenkoven und dessen Frau Ida Hoffmann erneut eine Landkommune, diesmal auf dem Monte Verità bei Ascona. Während es anfangs darum ging, selbst möglichst einfach, natürlich, streng vegetarisch und ohne

### DIE NUDISTEN

Auch der Schweizer Arnold Rikli arbeitete als Wasserarzt und Naturheilkundler, ohne Medizin studiert zu haben. Er gründete 1853 in Bled eine Sonnenheilanstalt und verordnete seinen Gästen vermutlich als Erster, völlig nackt in der Sonne zu liegen oder spazieren zu gehen. Zu seinen Schülern gehörten Karl Wilhelm Diefenbach, Henri Oedenkoven und Gusto Gräser. Nach 1900 wurden dann auch Nudistenvereine oder -kolonien gegründet.

Technik zu leben, und die Mitglieder (nackt!) ihre Felder und Gartenbeete umgruben, entstand auf Betreiben von Oedenkoven und Hoffmann, den maßgeblichen Geldgebern, mit der Zeit eher ein „Kurbetrieb", in dem sich zivilisationsmüde Städter bei Rohkost, FKK und Ausdruckstanz regenerieren konnten.

Während viele der Landkommunen scheiterten – eine Ausnahme ist die Obstbaukolonie Eden (siehe Seite 76 f.) –, schufen die Freunde der Naturheilkunde-Bewegung zahlreiche neue Kolonien und Vereine. Ihre Pioniere waren Siegmund Hahn und seine Söhne sowie Vincenz Prießnitz, die noch vor Sebastian Kneipp Wasseranwendungen als natürliches Heilmittel entdeckt hatten. Zum Zentrum der Bewegung wurde Sachsen, wo 1835 der „Hydrodiätische Verein" und 1872 der „Zentralverein für Naturheilkunde" gegründet wurden. Unter Naturheilkunde oder „arzneiloser Heilkunde" verstand man damals vor allem „Kräftigung und Erhaltung der Gesundheit durch den Aufenthalt im Garten, Einrichtung von Luft- und Sonnenbädern". Immer mehr Vereine richteten „Bäder" ein, was konkret bedeutete: abgezäunte Wiesengelände zum ungestörten Sonnen in möglichst leichter Bekleidung. Daneben gehörten zum Gelände oft auch Becken für Wasseranwendungen, Spiel- und Turnplätze oder Pavillons und Liegehallen, um bei zu starker Sonneneinstrahlung ein „Luftbad" im Schatten nehmen zu können. Gärten spielten anfangs eine untergeordnete Rolle, wurden aber von den meisten Vereinen im Lauf der *Der Maler und Lebens-* Zeit nachträglich eingerichtet. 1913 verfügten die Natur- *reformer Karl Wilhelm* heilkundevereine in Deutschland über 150 Anlagen mit *Diefenbach mit seiner* 7600 Gärten. Da die Mitglieder oft aus besser verdienen- *Frau, den drei Kindern* den Schichten stammten, wurde Grund und Boden gekauft *Helios, Stella und Lucidus* oder zumindest langfristig gepachtet. Auf diese Weise ent- *und seinem Schüler Fidus* standen rund um die Lichtbäder schmucke Dauerkolonien.

# Leberecht Migges Sonnenhof in Worpswede

Vor dem Ersten Weltkrieg war Leberecht Migge, Spross einer Danziger Großkaufmannsfamilie, freischaffender Landschaftsarchitekt. Unter anderem entwarf er Gärten für Häuser in der Gartenstadt Hellerau. Doch die Not in den letzten Kriegsjahren machte aus ihm einen radikalen Vorkämpfer für pure Nutzgärten. Noch 1918 veröffentlichte er seine programmatischen Schriften *Jedermann Selbstversorger* und *Das grüne Manifest*. Darin proklamierte er die Selbstversorgung mit Gartenprodukten. Städtische Parks waren für ihn nun „romantisch-faules Zehrgrün". An ihrer Stelle sollte es pro Einwohner sechs Quadratmeter öffentliches „arbeitsames Mehrgrün geben", nämlich Sportparks, Spielplätze und Bäder. Vor allem aber sollte jeder ausreichend Gartenland bekommen, um sich selbst mit Obst und Gemüse zu versorgen – und zwar nicht „fliegende Pachtlappen", sondern „beglaubigte Vorläufer von Siedlungen". Pro Kopf hielt Migge 80 Quadratmeter Gartenland für ausreichend. Dabei setzte er auf modernste agrarwissenschaftliche Methoden. Ein Garten müsse genauso hochtechnologisiert wie „Turbinen und

Radios" sein. „Also wird der gute Garten technisch, fabrikatorisch, kalkulatorisch eingerichtet und durchgeführt sein. Ist er's nicht, dann ist er nicht unser Garten." Konkret muten seine Vorschläge dann allerdings gar nicht so hochtechnologisch an. So forderte er zum Beispiel statt der modernen Wasserklosetts samt Kanalisation Kompost-Trockentoiletten für die gesamte Bevölkerung. Würde jede Familie ihre Fäkalien im Kompostsilo aufarbeiten, könne sie den nötigen Dünger für einen Hochleistungsgarten selbst erzeugen, erklärte er.

Natürlich wurde Migge mit seinen Ideen auch angefeindet und vor allem seine Berechnungen zur angestrebten Leistungsfähigkeit der Böden massiv in Zweifel gezogen. Um zu beweisen, dass er recht hatte, siedelte er 1920 von Hamburg in das Künstlerdorf Worpswede über. Dort kaufte er ein Landhäuschen mit brachliegendem Heideland und baute es zum Mustergut „Sonnenhof" um. Ein Experiment, das nach seiner eigenen Einschätzung „über Erwarten als gelungen zu bezeichnen" war. Nach nur vier Vegetationsperioden habe er durch sachgerechte Anlage der Beete und konsequente Dün-

*Der von Migge entworfene Idealplan eines Gartenhauses für fünf Personen*

gung fünf Pfund Frühkartoffeln pro Quadratmeter geerntet und fünf Pfund Spinat als Vorfrucht. „Salate und Mangold im Überfluss. Dazu 100 Pfund Einmacheerbsen und 200 Pfund Einschneidebohnen, nebst anderen Gemüsen für den Winter." Sogar für Blumen, „jene stillen Zeichen vollendeter Zwecklosigkeit", habe sich noch Platz gefunden. Parallel zum Sonnenhof gründete Migge die „Siedlerschule Worpswede". Konkret hieß das: Er und einige Mitstreiter gaben gelegentlich Schulungen auf dem Sonnenhof und waren außerdem durch Kurse, Vorträge und Beratung nach außen tätig.

Der Name „Siedlerschule" beruht auf Migges Überzeugung, dass langfristig gesehen

Häuser zu den Gärten kommen müssten. Neue Siedlungen sollten nur auf dem Land entstehen. Ihm schwebten Gartenstädte vor, in der jedes Haus mit genug Gartenland für die Eigenversorgung ausgestattet war. Die nötige Gartenarbeit sollte jedoch keine Zusatzbelastung werden. Stattdessen ging Migge davon aus, dass die Lohnarbeit verringert werden könne, da durch das eigene Gärtnern viel Geld gespart werde. Die Realität sah anders aus. 1927 entwarf Migge die „Georgsgärten" für eine neue Wohnsiedlung in Celle. Viele Bewohner gaben ihre Pachtgärten jedoch schnell wieder auf, weil es ihnen nicht gelang, so viel Lebensmittel zu erzeugen, dass diese die relativ hohen Pachtgebühren von 40 Mark aufwogen.

# „Put your garden on war service today!"

## Kleingärten als Heimatfront im Krieg

> *Sieh meine Gärten, in denen meine Gärtner im Morgengrauen darangehen, den Frühling zu erschaffen; sie streiten sich nicht um die Blumen, ihre Stempel und Kronen, sie säen die Samenkörner.*
>
> Antoine de Saint-Exupéry, *Die Stadt in der Wüste (Citadelle)*

IM ERSTEN WELTKRIEG wurde der Garten als kriegswichtig für die Lebensmittelversorgung der Bevölkerung neu entdeckt. Der Krieg bescherte vor allem Großbritannien einen Boom der Kleingärten. Ihre Zahl stieg von 600.000 auf 1,5 Millionen. Inspektoren der Regierung waren im ganzen Land unterwegs mit dem Auftrag, Brachen aufzuspüren, um den immer größer werdenden Bedarf zu decken. Im zweiten Kriegsjahr – 1915 – gab es die ersten Aufforderungen an Privatleute, in ihren Gärten mehr Lebensmittel zu produzieren. 1916 wurde ein

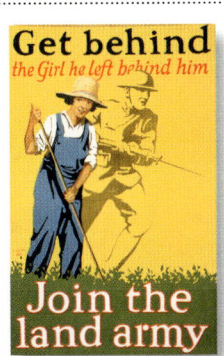

Gesetz erlassen, dass es dem „Board of Agriculture" erlaubte, unbebautes Land für Allotments zu rekrutieren. Premierminister David Lloyd George verkündete, jedes Stück Brachland bebauen lassen zu wollen. Das Gesetz wurde allerdings anfangs nur schleppend umgesetzt. Die Grundeigentümer wehrten sich meist mit Händen und Füßen. Um der Sache auf die Sprünge zu helfen, legte man sogar im königlichen Kensington Park in London Gartenparzellen an. Als sich im Spätsommer 1917 zeigte, dass die Gärten tatsächlich die kriegsbedingte Ernährungskrise gemildert hatten, wurde die Kampagne schnell populär. Nun mussten jede Woche Hunderte von völlig unerfahrenen Neugärtnern eingewiesen werden, eine „Spade-and-hoe-army" (Spaten-und-Hacke-Armee), die aber zwischen Spaten und Sichel, Rüben und Roten Beten nicht unterscheiden konnten, wie es der Autor Gerald W. Butcher in seiner Geschichte der englischen Allotment-Bewegung schildert. Da die Männer im Krieg waren, trugen Frauen einen Großteil der Arbeit. Sie vermaßen die Allotments und markierten die Gartenflächen. Befürchtungen, vor allem auch in London, dass nun aus schmucken Parks unansehnliche Kohlfelder würden, mussten sich dem Gemeinwohl unterordnen.

*Mit solchen Plakaten wurde in den 1940er-Jahren in den USA für die „war gardens" die Werbetrommel gerührt und für eine autonome Selbstversorgung geworben.*

Es zeigte sich schnell, dass in der Regel meist hässliche Brachen in ordentliche Gärten verwandelt wurden. Nur etwa 5 Prozent der Neugärtner stellten sich bei der Bewirtschaftung ihrer Parzellen als hoffnungslos überfordert heraus. Butcher betont, dass diese Kriegs-Kleingärtner-Bewegung eine zutiefst demokratische Angelegenheit gewesen sei, an der alle Schichten, Berufe und Bevölkerungsgruppen beteiligt gewesen seien. Vom Arzt bis zum Arbeiter und von der gebrechlichen alten Jungfer, der keiner zutraute, einen Spaten zu halten, bis zu den mithelfenden Kindern. Es zeigte sich, dass pro Acre (4000 Quadratmeter) Gemüse im Wert von über 78 Pfund im Jahr produziert wurde, vor allem Kartoffeln, Kohl, Zwiebeln und Rüben.

*Zwei Jahre zuvor war unser Landstück der Standplatz eines Jahrmarkts und ein Karussell stand dort, wo ich zu arbeiten habe. Als ich zu graben begann, fand ich die Erde reich an eisernen Bolzen, Eisenblech, Wurfsteinen, zerbrochenen Flaschen, Porzellan, alten Schuhen, Austernschalen und Lumpen. Aber ich habe mich durchgehackt und nun, da der Winter kommt, danke ich Gott für den Überfluss, den er mir gegeben hat.*

Anonymer Kleingärtner in Gerald W. Butchers Werk
*Allotments for All – The Story of a Great Movement* (1918)

### Liberty gardens in Amerika: „Sähe die Saat des Sieges"

In den USA war der Kriegsmangel erst später zu spüren. 1917 jedoch hatte er ein Ausmaß erreicht, das den Unternehmer Charles Lathrop Pack, einen der wohlhabendsten Männer des Landes, dazu brachte, ebenfalls eine nationale Gartenkampagne zu starten. Mit Parolen wie „Säe die Saat des Sieges und ziehe dein eigenes Gemüse", „Jeder Garten eine Munitionsfabrik" oder „Mach den Kaiser ein!" wurden die Menschen aufgefordert, „Liberty gardens" anzulegen. Eine nationale Kriegsgartenkommission gewährte auf Antrag Unterstützung. Auf diese Weise sollen fünf Millionen Kleingärten entstanden sein, die Gartenerzeugnisse im Wert von mehr als einer Milliarde Dollar erzeugten.

### Kohlrübenwinter trotz Kleingartenboom

In Deutschland, das nur etwa 10 Prozent seiner Nahrungsmittel importierte, wurden zu Kriegsbeginn keinerlei staatliche Maßnahmen zur Versorgung der Bevölkerung getroffen. Viele Privatleute sahen dies anders. Die Nachfrage nach Gartengelände stieg auch hier stark und viele Kommunen bemühten sich, städtische Flächen zur Verfügung zu stellen.[7] In Berlin fanden sich die Laubenkolonisten sogar mit den vorher so angefeindeten „Rot-

---

[7] Auch in Belgien verzehnfachte sich während des Krieges die Mitgliederzahl der nationalen Kleingartenvereinigung und das bestellte Land wuchs von 800 auf 7300 Hektar an. Da jedes Vereinsmitglied auch noch Familie hatte, bedeutete dies, dass etwa 10 Prozent der Belgier aus Kleingärten versorgt wurden. Auch im besetzten Warschau verzehnfachte sich die Zahl der Gärten beinahe. Selbst im neutralen Schweden stieg die Zahl der Kleingärten um 50 Prozent an und im ebenfalls neutralen Dänemark sogar um über 130 Prozent.

kreuzlern" zum „Kriegsausschuss der Berliner Laubenkolonien" zusammen, um ihre Interessen besser durchzusetzen.
1916 errichtete die Oberste Heeresleitung dann eine Art
„Kriegsdiktatur", die die Wirtschaft ganz in den Dienst der
Rüstungsproduktion stellte. Gleichzeitig hatte England eine
Seeblockade über Deutschland verhängt. Nun begann auch
im Deutschen Reich die Versorgungslage prekär zu werden.
Geheimrat Bielefeldt drängte die Regierung, eine Zentral-
stelle für den Gemüsebau im Kleingarten einzurichten, deren Vorsitzender er wurde.

*Während des Ersten Welt-
kriegs wurde jedes freie
Fleckchen Erde genutzt,
um Gemüse anzupflanzen.
Auch hier waren es die
Frauen, die an der Hei-
matfront die Versorgung
sicherstellten.*

Man begann, jedes freie Fleckchen Erde – Parks, Spiel- und Sportplätze,
Wiesen, Heideflächen, Baustellen, Bahndämme, Sandgruben – zu nutzen.
Die Pachtpreise wurden begrenzt, den Generalpächtern Kündigungen verboten. Trotzdem folgte der katastrophale „Kohlrübenwinter", in dem die
Bevölkerung außer Kohlrüben kaum noch etwas Essbares zu kaufen bekam.
Ein eigener Kleingarten konnte in einer solchen Situation im wahrsten Sinne über Leben oder Tod entscheiden. Es setzte in allen Bevölkerungsschich-
ten ein regelrechter „Run" auf noch verfügbare Gartenflächen ein. Während sich in Berlin die Zahl der Kleingärten während des Krieges immerhin
noch verdoppelte, stieg sie im „kleingärternisch unterentwickelten" Köln
etwa auf das 80-Fache.

Doch die Hungersnot konnte damit nicht mehr aufgehalten werden. Trotz aller Bemühungen machten Kleingärten in der zweiten Hälfte des Krieges nur 0,34 Prozent der landwirtschaftlich genutzten Fläche aus. Hinzu kam, dass 1916 Saatkartoffeln schon extrem knapp waren. Und der Sommer 1917 erlaubte mit einer lang anhaltenden Dürre nur schlechte Ernten. Doch selbst wenn man diese äußeren Faktoren außer Acht lässt, ist es fraglich, ob mehr und früher angelegte Kleingärten den Hunger verhindert hätten. Es gibt Untersuchungen über die Erträge deutscher Kleingärten während des Ersten Weltkrieges. Sie reichen von 1,3 bis 5,5 Pfund Früchte pro Quadratmeter Gartenland. Das war zwar weit mehr als auf landwirtschaftlichen Flächen, wo der Ertrag unter einem Pfund pro Quadratmeter lag. Aber dafür war der Aufwand, was Arbeitszeit und Kosten betraf, auch viel höher. Außerdem basieren die Daten auf den Erträgen von etablierten Kleingartenkolonien, in denen erfahrene Hobbygärtner tätig waren. In den eilends angelegten Kriegsgärten arbeiteten in der Regel gärtnerische Laien – meist Frauen und Alte, da die Männer eingezogen waren – auf wenig geeigneten Böden. Zahlreiche renommierte Agrarexperten sprachen sich 1916 vehement dagegen aus, Saatgut und Dünger an Amateure und frisch umbrochene Sportplätze zu verschwenden.

DIE ETWAS ANDERE GEFANGENENHILFE
In Schlesien wurde 1915 den Kleingärtnern verboten, ihren Vogelscheuchen Männerkleidung anzuziehen, da sich so viele entflohene Gefangene mit Zivilkleidung eindecken konnten.

Ob die Bedenken zu Recht bestanden, ist auch im Nachhinein nur schwerlich zu beurteilen, da die Erträge der Kriegsgärten nie bilanziert wurden. Am Ende des Krieges war jedenfalls etwa eine Dreiviertel Million deutscher Zivilisten an Hunger und Entbehrung gestorben.

## Das Ende des Kriegsgartenbooms

Mit Kriegsende ebbte der Kleingartenboom in den meisten Ländern wieder ab. In Großbritannien wurden die öffentlichen Flächen 1919 eingezogen und Parks wiederhergestellt. 1923 ließ dann eine Kartoffelkrankheit den Enthusiasmus vieler Kleingärtner erliegen. Doch das Blatt wendete sich schon 1929 wieder, als dem „Schwarzen Freitag" an den Weltbörsen eine schwere und lang anhaltende Weltwirtschaftskrise folgte.

*Während die Kriegsküchen in Deutschland dem Ansturm der Massen oft nicht nachkommen konnten, war das Konzept der „relief gardens" in den USA doch sehr viel erfolgreicher.*

In deren Folge wurde in den USA dazu aufgerufen, „relief gardens" (Entlastungsgärten) anzulegen. Im Rahmen von Roosevelts „New Deal" wurde Gartenarbeit bis 1935 staatlich gefördert. Auch in Großbritannien wurden neue Armengärten für Arbeitslose angelegt, Gleiches geschah im Rest Europas. Gartenparzellen waren wieder gefragter, wie so oft in Krisenzeiten.

## Gärten als Heimatfront während des Zweiten Weltkrieges

Im Zweiten Weltkrieg lancierte die britische Regierung bereits im Herbst 1939, als Großbritannien formal in den Krieg eingetreten, aber noch nicht in Kampfhandlungen verwickelt war, die „Dig for Victory"-Kampagne. Unter dem Motto „Grabe für den Sieg" wurden noch im Oktober des Jahres eine halbe Million neuer Parzellen geschaffen. Jeder Brite wurde aufgefordert, aus seinem Grund und Boden einen Nutzgarten zu machen. Außerdem wurden Weideland, Eisenbahnland, Tennisplätze, Parks und alle möglichen Brachen herangezogen. Anfangs lief die Aktion schleppend an. In Edinburgh konnten nur gut 300 von 500 geschaffenen Parzellen vergeben werden. Nach und nach verwandelte sich Großbritannien aber in einen riesigen Gemüsegarten. Am Ende wurde über eine Million Tonnen Gemüse, fast die Hälfte des Bedarfs, in Hausgärten und Allotments gezogen. Das schuf nicht nur Versorgungssicherheit und einen materiellen Vorteil für die jeweiligen Gärtner. Vor allem konnte man den Laderaum der Handelsschiffe, die wegen der deutschen U-Boote nur in Geleitzügen, die durch Kriegsschiffe geschützt wurden, fahren konnten, für kriegswichtige Produkte nutzen.

*Werbeplakat für den Anbau von Gemüse, um die Versorgung der Bevölkerung zu sichern*

### Doctor Carrot und Potato Pete in England

Damit der Enthusiasmus nicht nachließ, wurden immer wieder Werbekampagnen mit launigen Versen wie „Dig! Dig! Dig! And your muscels grow big" (Grabe! Grabe! Grabe! Und deine Muskeln werden wachsen) lanciert. Oder es wurden Kochbücher verteilt, wie man „Doctor Carrot" oder „Potato Pete" nutzen könne. Man erfand Drinks wie Carrolade (Saft aus Karotten und Kohlrüben) oder empfahl, Kartoffeln nur zu schrubben, nicht zu schälen, um ja nicht das Geringste zu verschwenden. Der Küchenchef des Savoy Hotels in London kreierte einen Pie aus typischem Gartengemüse, der nach dem Ernährungsminister Lord Woolton benannt wurde, aber nach dem

Krieg sehr schnell in Vergessenheit geriet. Damit die Bo-
denfruchtbarkeit erhalten blieb, gab es auch Kompostie-
rungskampagnen. Außerdem wurde ein Dünger namens
„National Growmore" aus Phosphor, Pottasche und Nitro-
gen hergestellt. Viele Gartenbesitzer hielten in ihren Gärten
Hühner. Außerdem gab es „Pig Clubs", die zusammen ein
Schwein mit ihren Küchenabfällen mästeten. Am Ende gab
es 1,75 Millionen Kleingärten.

*Auch Soldaten legten
teilweise Kriegsgärten an.
Etwa in den Schützengrä-
ben des Ersten Weltkrieges,
wo sie oft monatelang im
Stellungskrieg ausharren
mussten.*

## Amerikanische Siegesgärten

Die USA starteten 1940 die „Victory Garden Campain", in deren Rahmen
schätzungsweise 20 Millionen Kleingartenparzellen entstanden. Im Jahr
1944 wurden in diesen „Siegesgärten" 44 Prozent des Frischgemüses produziert, das in den Vereinigten Staaten verbraucht wurde. Vor allem die
Versorgung der Stadtbevölkerung wurde so
verbessert. Als sich Mitte der 1950er-Jahre
die Wirtschaft zu erholen begann, nahm
das Interesse an Kleingärten aber wieder
spürbar ab. 1970 gab es nur noch eine halbe Million Parzellen, darunter viele, die eher
als Wochenendgrundstücke denn als Gärten
genutzt wurden.

In den anderen westeuropäischen Ländern gab es vielleicht nicht derart massive
Kampagnen. Aber die Tendenz sah ähnlich
aus. Während des Krieges stieg die Zahl
der Kleingärten stark an und viele öffentliche Flächen wurden umgewandelt. In den
1950er-Jahren sank das Interesse schlagartig.

KRIEGSKÜCHE: WOOLTON PIE
Nimm je ein Pfund geschnittene
Kartoffeln, Blumenkohl, Kohlrüben und
Karotten, drei oder vier Frühlingszwie-
beln, einen Teelöffel Gemüseextrakt und
einen Teelöffel Hafermehl. Koche alles
zehn Minuten in gerade so viel Wasser,
dass das Gemüse bedeckt ist. Gelegentlich
umrühren. Abkühlen, in eine Auflauf-
form füllen, mit geschnittener Petersilie
bestreuen und mit einer Kruste aus
Kartoffeln oder Vollkornmehl bedecken.
Goldbraun backen und heiß mit brauner
Bratensauce servieren.

# Zwischen etablierter Gemütlichkeit und existenzieller Not

## Die deutsche Kleingartengeschichte im 20. Jahrhundert

*Wer die besten Früchte ernten will, muss auf den Baum steigen.*
*Wem die verbeulten genügen, der wartet darauf, dass sie herunterfallen.*

Jeremy A. White

AM 31. JULI 1919 verabschiedete die verfassungsgebende Versammlung der neuen deutschen Republik in Weimar ein Kleingartengesetz – noch vor der Verfassung selbst. Die gewerbsmäßige Generalpacht wurde darin verboten. Nur noch Körperschaften des öffentlichen Rechts oder gemeinnützige Vereine durften als Betreiber von Kleingartenanlagen fungieren. Die Pachtpreise wurden begrenzt, ein 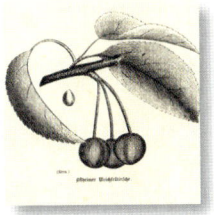 weitgehender Kündigungsschutz eingerichtet und ein Schiedsverfahren bei Streitigkeiten etabliert. Außerdem einigten sich die beiden Kleingärtnerverbände nach langem Hin und Her und gründeten 1920 einen zentralen „Reichsverband der Kleingartenvereine Deutschlands".

Damit waren die Kleingärtner jedoch bei Weitem noch nicht aller Sorgen enthoben. Wirkliche Dauerkolonien entstanden nur wenige. Wenn, dann waren es meist Musterkolonien wie die „Rehberge" in Berlin. Hier gruppierten sich die Parzellen um Gemeinschaftseinrichtungen wie Sportplätze, Tennisplätze, Erfrischungshallen, einen Tanzplatz, eine Wiese, eine Ferienküche und ein Luftbad. Allerdings musste sich jeder Pächter mit 370 Mark an den Erschließungskosten beteiligen, was die finanziellen Möglichkeiten vieler nicht zuließen. Insgesamt waren nur etwa 5 Prozent der deutschen Kleingartenfläche durch langfristige Pachtverträge geschützt. Die anderen konnten von staatlicher Seite bei „öffentlichem Interesse" gekündigt werden. Und das kam nicht selten vor. In Berlin etwa gingen im August 1920 100.000 Menschen auf die Straße, nachdem der Magistrat in Neukölln 2000 Kolonisten gekündigt hatte.

## Krisenbewältigung durch Selbstversorgung

Da die Weimarer Republik ein Staat in der Dauerkrise war, erwiesen sich Gartenland und Laube für ihre Besitzer

*Inmitten der Großstadt: Laubenpieper im Mai 1949 auf einem kriegszerstörten Wohnhaus am Berliner Hermannplatz*

immer wieder als äußerst wertvoll. Obwohl der Erste Weltkrieg nicht auf deutschem Boden geführt und das Land nicht zerstört war, wie etwa nach dem Zweiten Weltkrieg, fehlten in der Weimarer Zeit nach offiziellen Erhebungen über eine Million Wohnungen. Deshalb wurden Lauben häufig als Notquartiere genutzt. In Berlin, wo die Situation besonders prekär war, war die Polizei angewiesen, gegenüber der Zweckentfremdung „weitgehendes Entgegenkommen" zu zeigen. Man schätzt, dass allein in der Hauptstadt etwa 35.000 Familien in ihren Lauben wohnten.

„„ *Wir zahlen keine Miete mehr, wir sind im Grünen zu Haus, wenn unser Nest noch kleiner wär', uns macht das wirklich nichts aus! Ein Meter fünfzig im Quadrat, wir haben ja wenig Gepäck. Und wenn's hinten nur ein Gärtchen hat für Spinat und Kopfsalat, dann ziehen wir nicht wieder weg.* „„
Schlager aus dem Film „Ein blonder Traum" mit Lilian Harvey (1932)

**Inflation**

1922 und 1923 trieb dann eine Hyperinflation die Preise für alle Waren jeden Tag auf neue schwindelerregende Höhen. Der Lohn von gestern reichte morgen oft nicht mehr für ein Brot. Eigene Gärten waren da eine wertvolle Rückversicherung. Allerdings gab es ständig Streit um die Pachthöhe. Denn die Pacht wurde am Ertragswert des Gartens gemessen. Der aber stieg mit dem Kartoffelpreis unablässig. Mit dem Ende der Inflation folgte 1924 eine kurze Phase der Erholung, die allerdings auch zum Verschwinden vieler Kolonien führte, da die Städte nun endlich mit dem Wohnungsbau Ernst machten und dafür auch Kolonieflächen im „nationalen Interesse" kündigten. Außerdem ging man gegen wild zusammengebaute „Speck-

*In der Weimarer Republik und den Kriegsjahren wird dazu aufgefordert, für dringend benötigte Öle und Fette Obstkerne zu sammeln, die die Kinder in den Schulen abgeben konnten.*

und Eierkistenlauben" und Dauerwohnlauben vor. Den Vereinen wurde teilweise mit dem Entzug der Gemeinnützigkeit gedroht, wenn sie diese Relikte aus der Notzeit weiter duldeten.

### Weltwirtschaftskrise

Das Luftschloss der „Goldenen Zwanziger" dauerte aber nur bis zur Weltwirtschaftskrise 1929. Innerhalb von drei Jahren schnellte die Arbeitslosigkeit auf 6 Millionen (über 30 Prozent) hoch. Wieder wurden Lauben massenhaft zu Notwohnungen. Teilweise funktionierte man in dieser Zeit Kleingartenparzellen sogar zu Gewerbebetrieben wie Kohlehandlungen, Gemüseläden, Tischlerwerkstätten oder Bierausschänken um. Gleichzeitig standen reguläre Wohnungen oft leer, weil es nicht mehr genügend Men-

*Bündel von wertlosen Papiermarkscheinen dienen deutschen Kindern 1923 als Bauklötze zum Spielen.*

schen gab, die sich die Mieten leisten konnten. In Hamburg etwa entstand im Umland ein Ring von „Kistendörfern". Natürlich erzeugte dies massive Ablehnung. Kritiker warnten vor der Verslumung, hygienisch unhaltbaren Zuständen und drohender Anarchie. Verteidiger führten an, dass die Bewohner legaler und illegaler Laubenkolonien wenigstens durch die Gartenarbeit das Arbeiten nicht verlernen würden, sich außerdem weitgehend selbst ernähren könnten und weniger unzufrieden mit ihrem Schicksal als die Arbeitslosen in der Stadt wären. Manche Kommunen legten sogar selbst „Erwerbslosensiedlungen" an, die im Grunde Kleingartenkolonien mit Dauerwohnlauben waren. Von der Möglichkeit, Besitzer von Brachflächen zur Verpachtung an Kleingartenvereine zu zwingen, die das Kleingartengesetz vorsah, machten die Kommunen jedoch trotz der prekären wirtschaftlichen Situation kaum Gebrauch.[8]

........................................

[8] Der Kleingartenverband hatte 1928 über 400.000 Mitglieder, dazu kamen schätzungsweise 200.000 bis 300.000 weitere Kleingärtner, die nicht verbandlich organisiert waren. Die Statistiken der einzelnen Landesverbände verzeichneten teilweise mehr als 40 Prozent Arbeitslose, Kurzarbeiter und abgebaute Beamte. Dazu kamen Arbeiter, Angestellte, niedere Beamte, kleine Gewerbetreibende, Kleinrentner, Kriegsbeschädigte und alleinstehende Frauen. Der Mittelstand, vor allem in Gestalt von Lehrern und Beamten, machte nur einen kleinen Teil aus, war aber überproportional oft in den Vorständen der Vereine vertreten.

# Kleingärten unter dem Hakenkreuz

Die Machtübernahme der Nationalsozialisten 1933 war für manchen Klein-gärtner sicherlich mit der Hoffnung verbunden, den auf „Blut und Boden" geeichten neuen Machthabern läge das Kleingartenwesen besonders am Herzen. Doch das war nicht der Fall. Hitlers Visionen und die Vorsilbe „Klein-" passten nicht zusammen. Wenn er von „Blut und Boden" sprach, dann sah er unzählige junge blonde Deutsche mit leuchtenden Augen vor sich, die bereit waren, Osteuropa mit Krieg zu überziehen, die „slawische Rasse" zu unterwerfen und dann auf dem eroberten Boden ein groß ange-legtes Kolonisationswerk zu vollbringen und damit die Vormachtstellung der „Arier" in der Welt zu begründen. Kleingärtner wurden von den neuen Machthabern als eher suspektes Volk angesehen, das sich mehr um seine Kohlköpfe kümmerte als um „nationale Belange" und stets im Verdacht stand, sich gemäß der Lehre des antiken Philosophen Epikur in seinem Garten einzuigeln. Die vor allem in Berlin und anderen Großstädten starke Verankerung des Kleingartenwesens in der Arbeiterschicht machte die Kleingärtner bei der braunen Bewegung zudem als potenziel-le Sozialisten verdächtig.

In Wirklichkeit aber war der Kleingärtner-verband 1933 eher unpolitisch und es gelang den NS-Kräften relativ problemlos, ihn wie alle anderen Verbände gleichzuschalten. Der neue „Reichsbund der Kleingärtner und Kleinsiedler" mit einer Million Mitgliedern wurde gegründet, Funktionäre wurden aus-getauscht, missliebige Mitglieder aus den Kolonien herausgedrängt. „Nur der erblich gesunde, nordisch deutsche Volksgenosse in den Städten ist geeignet, deutschen Boden als Kleingarten … zu nutzen", erklärte Hans Kammler, der neue Vorsitzende des Verban-des. Manche Kleingärtnervereine schlossen schon 1934 ihre jüdischen Mit-glieder aus, andere erst nach einem allgemeinen Erlass 1938.

DER BRAUNE CHEF

Kleingartenverbandsvorsitzender Hans Kammler war gelernter Architekt, seit 1932 NSDAP- und seit Mai 1933 SS-Mitglied. Er wurde 1940 hauptberuflicher Mitarbeiter der SS und führte die Aufsicht über den Bau aller Konzentrations- und Vernichtungslager. Ab 1943 war er auch für den Einsatz der V2-Rakete verantwort-lich. Kurz vor Kriegsende befahl er ein Massaker an über 200 Zwangsarbeitern. Am 9. Mai 1945 entzog er sich durch Selbstmord der Verantwortung für seine Verbrechen.

## Braune Propaganda

Die NS-Funktionäre propagierten das Kleingartenwesen bei jeder Gelegen-heit als national wichtige Sache. „Millionen deutscher Volksgenossen ha-ben um die Muttererde, somit um den deutschen Garten gekämpft, geblutet und ihr Leben gelassen. Dies allein sollte schon Ansporn sein, um für den deutschen Boden zu kämpfen. Jeder rassisch einwandfreie, erbgesunde und bäuerlich denkende deutsche Volksgenosse hat ein Recht darauf, ein kleines Stückchen deutscher Erde selbst bebauen zu dürfen", hieß es etwa in den Reden. Eine Planungsvorgabe von 1938 sah vor, zumindest für ein Viertel aller Familien, die in städtischen Mietswohnungen ohne Gartenanteil wohnten, Kleingärten zu schaffen. Aber: „Wer sich zu Schreber bekennt, hat seine persönlichen Vorteile restlos in den Hintergrund zu stellen. Für ihn gilt in ganz besonderem Maße der Satz ‚Gemeinwohl geht vor Eigenwohl‘.“ Verdienstvolle Stadtgruppenführer konnten damit rechnen, dass Kolonien nach ihnen benannt wurden, als „kleine Anerkennung“ für das, was sie „für die Sache der Kleingärtner und damit für die Sache des deutschen Volkes im Sinne Adolf Hitlers“ leisteten. Oft beschworen wurde auch die „Erzeugungsschlacht“, Anteil daran habe auch der Kleingärtner durch seine Ernte. Hitlers Ziel war, eine möglichst starke innere Autarkie zu erreichen, um das Land kriegsbereit zu machen. De facto hatten die Kleingärtner trotz allem eher mit Einschränkungen zu kämpfen. Zahlreiche Kolonien verschwanden, weil der Boden anderweitig gebraucht wurde. Da half es auch wenig, dass man werbewirksam einige neue musterhafte Dauerkolonien anlegte, die mit einheitlichen Lauben errichtet wurden.

## Kleingärten im Zweiten Weltkrieg

Für die große Politik wurde das Kleingartenwesen erst wieder mit Kriegsbeginn interessant. Nun sollten die Kleingärtner statt Zierpflanzen vermehrt Gemüse anbauen. „Für

*Berlin im Sommer 1946: Vor der Ruine des kriegszerstörten Reichstagsgebäudes hat sich eine Kleingartenkolonie auf dem abgeholzten Tiergartengelände entwickelt.*

jeden Einzelnen muss es doch ein erhebendes Gefühl sein, jetzt aus dem ihm anvertrauten Boden das Bestmögliche an Ernte herauszuholen, denn mit jedem Pfund Gemüse und mit jedem Pfund Obst, das er durch sorgsame Pflege des Bodens und der Pflanzen mehr aus seiner Gartenparzelle herauswirtschaftet, stärkt er die Abwehrfront gegen den Feind", hieß es im Oktober 1939 im Mitteilungsblatt „Der Kleingärtner und Kleinsiedler." Es wurde ein Kündigungsverbot erlassen, ein Programm aufgelegt, das mithilfe zinsloser Darlehen 100.000 neue Kleingärten schaffen sollte, und ein Stab aus 8000 Fachberatern zur Unterstützung von Neugärtnern eingerichtet. Außerdem forderte man die Kleingärtner auf, Brachland zu melden, das in Gärten umgewandelt werden konnte. Das Ganze hatte jedoch nur eine begrenzte Wirkung. Von einer groß angelegten Kampagne zur Ernährungssicherheit wie etwa in Großbritannien war man weit entfernt. Das lag auch daran, dass die Lage weniger prekär war. Denn das deutsche Militär plünderte von Anfang an die eroberten Länder gnadenlos aus und ließ viele Millionen Tonnen Lebensmittel nach Deutschland bringen, was vor allem in der Sowjetunion zu etwa 7 Millionen Hungertoten führte, in Deutschland aber zu einer recht entspannten Versorgungslage.

Erst nachdem sich 1943 das Kriegsglück gewendet hatte, verschlechterte sich die Situation rapide. Nun machte man mit der „Brach- und Grabelandaktion" Ernst und bepflanzte wie im Ersten Weltkrieg Blumenrabatten, Spielplätze, öffentliche Grünflächen und andere Brachen mit Gemüse. Neue Kleingärten entstanden allerdings in den seltensten Fällen. Die Stadtverwaltung Berlin etwa ließ den Gendarmenmarkt und andere öffentliche Grünflächen durch die Gartenämter, die auch Zwangsarbeiter beschäftigten, umpflügen.

Gleichzeitig wurden immer mehr Menschen durch die Bombenangriffe der Alliierten obdachlos. Viele davon quartierten sich in ihren Lauben ein. Andere zimmerten auf Parzellen neue Lauben aus Bauschutt. Ab 1943 konnte man Reichshilfen beantragen, um seine Laube zum Behelfsheim umzurüsten. Auch die Regierung ließ auf Brachflächen Behelfsheime aufstellen, nach dem Reichskommissar für sozialen Wohnungsbau, Robert Ley, Ley-Baracken genannt. Auch wenn beispielsweise in einer Großstadt wie Hamburg bei Kriegsende nur gut 5 Prozent der Einwohner in Lauben oder Behelfsheimen wohnten, entstanden auf diese Weise „wilde" Wohnquartiere, meist ohne hygienische Mindeststandards, für Hunderttausende von Menschen.

**BERLINER VIEH, OSTPREUSSISCHE KARTOFFELN**

Laut einer Statistik von 1939 hielten Berliner Laubenkolonisten das meiste Kleinvieh in ihren Gärten. Kartoffeln wurden bevorzugt in Ostpreußen, Pommern und Schleswig-Holstein angebaut. Die Spitzenreiter in Sachen Gemüse waren ebenfalls Pommern und Schleswig-Holstein sowie Sachsen. Obst war in Sachsen, Sachsen-Anhalt, Niedersachsen und Mecklenburg besonders beliebt.

*Ein kleines Idyll inmitten von Trümmern: ein eingezäunter Gemüsegarten auf einem von Ruinen umgebenen Grundstück in Frankfurt am Main, aufgenommen 1946*

## Widerstand in der Laube

Da die Kleingärten vom NS-System weniger gut kontrolliert wurden als die Wohngebiete, waren sie auch Orte des Widerstands. In Lauben wurden illegale Flugblätter hergestellt und Verfolgte des Regimes versteckt. Der junge Erich Honecker etwa koordinierte Ende 1933 den kommunistischen Widerstand von einer Essener Laube aus. Und der jüdische ehemalige Quizmaster Hans Rosenthal überlebte die NS-Zeit nur, weil er Obdach in der Laube einer Frau Jauch in der Lichtenberger Kolonie „Dreieinigkeit" fand. Der Achtzehnjährige „bewohnte" dort ein geheimes vier Quadratmeter großes Hinterzimmer. „Immer wenn ich draußen Schritte hörte, kroch die Angst in mir hoch", erzählte er später. Mit der Zeit habe er allerdings gelernt, die Schritte zu unterscheiden, und nur noch vor den unbekannten ten Angst gehabt. Zweimal erlebte er, dass Nachbarlauben von Bomben getroffen wurden. Einmal wurde er bei den Löscharbeiten verletzt und musste unter falschem Namen im Krankenhaus behandelt werden. Im Sommer 1944 starb dann seine Retterin. Aber zwei weitere Pächterinnen der Kolonie – Frau Schönebeck und Frau Harndt – versteckten ihn weiter bis Kriegsende. Wie viele Menschen insgesamt in Laubenkolonien versteckt wurden und wie viele davon überlebten, weiß man nicht. Es waren nicht wenige, aber doch Einzelfälle.

*Eine Razzia von Polizei und Polizeibereitschaft am 24. März 1933: Polizisten suchen in einer Spandauer Laubenkolonie an der Tiefwerder Straße nach kommunistischem „Propagandamaterial".*

## Hartes Nachkriegsschicksal

Wirklich katastrophal wurde die Ernährungssituation in Deutschland
erst nach dem Zweiten Weltkrieg. Der
Tiefpunkt war im Winter 1947 erreicht. In den großen Städten wurden
deshalb auf allen irgendwie verfüg-
baren Flecken Land Kartoffeln und
Gemüse angebaut. Der Tiergarten
in Berlin etwa wurde erst als Brenn-
material abgeholzt und dann in Gartenparzellen aufgeteilt, die teilweise
mit Provisorien wie Matratzengestel-
len oder Heizkörpern „eingezäunt"
wurden. Rings um den zerbombten
Reichstag wurden genauso Kartoffeln angebaut wie unterhalb der Terrassen von Sanssouci in Potsdam.
Die Gartenämter stellten Saatgut,
Dünger und gärtnerischen Rat zur
Verfügung. Familien, die noch keine
Parzelle bekommen hatten, wurden
aufgefordert, selbst nach Brachland
Ausschau zu halten und es den Behörden zur Beschlagnahmung zu

*Plakat zur Ausstellung*
*„Vom Brachland zum*
*Kleingarten" in der*
*Dresdner Stadthalle im*
*Mai 1947*

melden. Wer einen Garten hatte, musste immer auch mit
der Angst vor Dieben leben. Regelmäßig wurden erntrei-
fes Gemüse, selbst gerade erst eingepflanzte Saatkartoffeln
gestohlen. Die Kleingärtner gingen während der Erntezeit
nachts Streife, um ihre Erträge zu sichern. Gelang es jedoch,
die eigenen Gartenfrüchte selbst zu ernten, dann geriet man
in Gefahr, beim Transport von der Polizei als Dieb oder
Schwarzhändler festgenommen zu werden. Zeitgenössische Fotos berichten
aber auch vom kleinen Glück im Garten, etwa wenn eine junge Frau ihre
Badewanne mit Reichstagsblick besteigt.

### Das Ende der wilden Kleingärten

Die Situation ähnelte der am Ende des Ersten Weltkrieges. Erfahrene Kleingärtner konnten mit einer Parzelle im Durchschnitt vier bis sechs Menschen
mit Gartenfrüchten versorgen. Auf den frisch umbrochenen Flächen aber
wirtschafteten meist Laien, die Anleitung brauchten. Im Norddeutschen
Rundfunk gab ein Gärtner namens „Hans Unverzagt" Gartenneulingen
Tipps. Daneben ging der Bau von wilden Lauben auch nach Kriegsende weiter. In Hamburg sprach man angesichts des bevorzugten Baumaterials von

Fischkistenkolonien. Angesichts der allgemeinen Wohnungsnot tolerierten die Behörden in der Regel das Wohnen in der Laube. In Berlin wurde es für fünf Jahre ausdrücklich erlaubt – gegen die Zahlung von Wohngeld, wie es schon die Nazis erhoben hatten. Und statt der Ley-Baracken wurden jetzt von Briten und Amerikanern „Nissenhütten" errichtet, Wohncontainer aus Wellblech mit halbrundem Dach. Als das wilde Bauen 1951 verboten wurde, zählte man in Hamburg fast 28.000 solcher Behelfsbauten. In Berlin waren es weit mehr. Oft waren die hygienischen Verhältnisse katastrophal. In den 1950er- und teilweise noch in den 1960er-Jahren versuchten die städtischen Behörden allerorts, das Wohnen in den Lauben zu beenden. Da aber meist nur die Armen und Arbeitslosen, die sich eine andere Wohnung kaum leisten konnten, so lange in den Notunterkünften ausgeharrt hatten, war der Widerstand massiv.

NISSENHÜTTE

Nissenhütten ähnelten überdimensionalen Wellblechrohrstücken, die an den Enden mit einer Wand verschlossen waren. Sie wurden für viele Menschen zur ersten festen Wohnung nach Flucht und Vertreibung. In Schleswig-Holstein sind im Birkenweg in Husum einige Nissenhütten bis heute bewohnt.

## Wohlstand gegen Kleingärten

Es wurden aber auch ganze Kolonien aufgelöst. Beim Wiederaufbau der Städte wurde auf Kleingartenanlagen in den seltensten Fällen Rücksicht genommen, was zu einem starken Kleingartenschwund führte. Zwar nahm in der Wirtschaftswunderzeit auch in Westdeutschland das allgemeine Interesse an Kleingärten stark ab. Der eingeschworene Kleingärtner jedoch hing an seinem Garten und kämpfte leidenschaftlich gegen die Räumung. Zwar wurden den betroffenen Gärtnern teilweise Ersatzflächen angeboten. Aber: „Wir sind keine Hammelherde, die man von einer Ecke in die andere treiben kann!", formulierte etwa Wilhelm Naulin, der Vorsitzende des Berliner Kleingärtnerverbandes seinen Protest. Erst in den 1960er-Jahren wurde die allgemeine Skepsis gegen die „innerstädtischen Steinwüsten" massiver und bei Städteplanungen hatten auch wieder andere als wirtschaftliche Argumente eine Chance.

Nach der Wende blieb die Zahl der Kleingärten in der Bundesrepublik annähernd konstant, in großen Städten jedoch ist sie am Wachsen. Allerdings sind hier Anlagen immer noch gefährdet, wenn ihre Lage attraktiv ist und eine Alternativnutzung mehr Gewinn verspricht. In Berlin etwa wurde der Kleingartenanlage „Württemberg" die Nähe zum Kudamm zum Verhängnis. Der Wert des Grundstücks wurde auf 20 Millionen Euro geschätzt, was Begehrlichkeiten bei der Stadt weckte. Nach jahrelangem Rechtsstreit mussten sich die Kleingärtner 2009 schließlich geschlagen geben. Jetzt sollen auf ihren einstigen Parzellen Luxuswohnungen gebaut werden – mit Dachgarten.

*Waschtag und Murmelspiel inmitten einer Reihe von Nissenhütten, die in der Nachkriegszeit als Notunterkünfte dienten*

Die Gärten und ihre Bewohner

# Gesellschaft im Miniaturformat?

# KAPITEL 3

# Von Vereinsmeierei zum trendigen Hobby

## Der demografische Wandel macht auch vorm Gartenzaun nicht halt

*" Ein im Herzen eines Apfels versteckter Kern ist ein unsichtbarer Obstgarten. Doch wenn dieser Kern auf felsigen Boden fällt, wird nichts daraus hervorgehen. "*

Khalil Gibran

IN DEN 1960ER-JAHREN galten Kleingärten als Inbegriff des Spießertums, selbst wenn sich keine Gartenzwerge darin befanden. Der Kleingärtner, das war einer, der seine Zeit damit verbrachte, Rasen und Hecken akkurat zu trimmen und peinlichst genau auf die Einhaltung der Vereinssatzung zu achten. Mit der Gleichsetzung Kleingärtner = Kleingeist war man schnell bei der Hand. Dies hat sich schon in den 1980er-Jahren zu ändern begonnen. Die beginnende Ökowelle ließ alles Grüne im Wert steigen, und auch wenn die Alternativen dieser Jahre in der Regel eher Landkommunen und schräge Wohnprojekte gründeten, erlebte das Gärtnern an sich einen gewaltigen Zuwachs an Renommee. Den Boden umzugraben und die eigenen Äpfel und Radieschen zu ziehen lag plötzlich wieder voll im Trend. In immer mehr Hausgärten mussten Koniferen und gepflegte Rasenflächen den Platz mit Salat, Zucchini und Ringelblumen teilen. Und manch einer, der nicht das Glück hatte, über einen Hausgarten zu verfügen und wegen gesundem Gemüse nicht gleich in eine experimentelle Landkommune ziehen wollte, begann die Kleingartenkolonie als akzeptable Alternative zu entdecken. Immer mehr Garteninteressierte erkannten, dass keine Satzung zum Aufstellen von Gartenzwergen verpflichtet und dass Gemüsebeet und Kräuterspirale dem Geist der Kleingartenbewegung viel eher entsprechen als sauber geschnittene Hecken und manikürter Rasen.

*Selbst am Hang akkurat getrimmte Wiesen: Lange galten Heimgärten als überaus spießig.* Heute repräsentieren die Kleingärtner einen breiten Bevölkerungsquerschnitt. Das Verbindende ist ihre Leidenschaft für ihren Garten. Für nicht wenige Kleingärtner ist er ihr eigentliches Zuhause. Der Ort, wo sie dem Alltagstrott entkommen, sich verwirklichen und entspannen können.

## Die Familien kommen

Während die Gesellschaft in den westlichen Industrienationen immer älter wird, ist die Kleingärtnerszene gerade dabei, sich radikal zu verjüngen. Gärtnern ist längst kein Rentnerhobby mehr, sondern angesagter Trend. 64 Prozent der Pächter, die seit 2005 in Deutschland einen Kleingarten übernommen haben, sind unter 55 Jahre alt. Die meisten Neugärtner sind junge Familien. Auch in vielen Gärten, die nominell noch auf Opas Namen laufen, gärtnern inzwischen längst Kinder und Enkel. „Wegen der Kinder" ist einer der am häufigsten genannten Beweggründe bei der Übernahme eines Gartens.

Die Situation ist aber nicht überall gleich. Kleingärten boomen vor allem in angesagten Städten, die generell einen großen Zuzug zu verzeichnen haben. Dort ist auch der Anteil der jungen Familien besonders groß, während es anderswo zum Teil auch Leerstände in den Kolonien gibt. Besonders betroffen ist davon der Osten Deutschlands. In Gegenden, in denen ein Großteil der Jungen wegzieht, sind es auch in den Kleingärten die Alten, die die Stellung halten. Andererseits muss Wegzug nicht generell zu brachliegenden Kleingärten führen. Es gibt auch Städte, in denen trotz Bevölkerungsrückgang und hoher Arbeitslosigkeit der Bedarf an Kleingärten steigt. Oft ist auch das Gefälle innerhalb einer Stadt erheblich. Während es in einem Viertel lange Wartelisten gibt, stehen in einem anderen Gärten leer. Kaum ein Kleingärtner möchte lange, zeitraubende Anfahrtswege auf sich nehmen müssen, bevor er sich auf seiner Parzelle erholt. Die Statistik verrät, dass die meisten weniger als fünf Kilometer entfernt von ihrem Garten wohnen. Neue Anlagen am Stadtrand sind also keine Alternative für wegfallende Kolonien im Zentrum.

*Nach Jahren voller Nachwuchssorgen treffen in Kleingärten Jung und Alt immer häufiger aufeinander.*

Im Gegensatz zu früher sind es heute vor allem Angehörige der Mittelschicht, die Interesse am Gärtnern haben. In vielen bürgerlichen Wohngegenden gibt es lange Wartelisten, während in klassischen Arbeitervierteln oder Stadtteilen mit aktuell hoher Arbeitslosigkeit oft Leerstände zu beklagen sind. Allerdings sind die Ursachen vielfach nicht mangelndes Interesse, sondern finanzielle Hürden. Das Problem ist meist nicht die Pacht, die so niedrig ist, dass auch viele Hartz-IV-Empfänger sie sich leisten können, sondern die Abschlagszahlung, die bei der Übernahme einer Parzelle fällig wird. In Kommunen, die hier öffentliche Unterstützung bieten, etwa indem die Ablöse für Bedürftige vorfinanziert und dann abgestottert werden kann, gelingt es, auch viele Hartz-IV-Empfänger und andere Menschen mit geringem Einkommen in die Kleingärtnerszene zu integrieren.

*In Kleingärten können auch Kinder schon früh die Begeisterung für das Gärtnern und die Pflege von Gemüse erlernen.*

## Die Vereine werden bunter – teilweise

Im Steigen begriffen ist auch der Anteil der Kleingärtner mit ausländischen Wurzeln. Vor allem Menschen, die aus Osteuropa stammen, können sich ein Leben ohne Garten oft nur schwer vorstellen. Aber auch das Interesse der türkischstämmigen Bevölkerung wächst. Insgesamt haben etwa 10 Prozent der deutschen Kleingärtner ausländische Wurzeln. Damit liegt der Ausländeranteil ähnlich hoch wie in der Gesamtbevölkerung. Allerdings gibt es große regionale Unterschiede. Während bei einer Erhebung des Bundesverbands der Deutschen Gartenfreunde aus dem Jahr 2004 in allen westdeutschen Bundesländern außer Hamburg der Anteil der Kleingärtner mit Migrationshintergrund überproportional hoch war, in Baden-Württemberg, Hessen, Rheinland-Pfalz, dem Saarland und Schleswig-Holstein sogar mehr als doppelt so hoch wie der Anteil an der Gesamtbevölkerung, lag er in allen östlichen Bundesländern außer Brandenburg unter dem Durchschnitt. Gerade im sonst so multikulturellen Berlin fanden sich besonders wenige Menschen mit Migrationshintergrund in den Kleingärten.

Auch bei den Kleingärtnern mit ausländischen Wurzeln sind junge Familien besonders stark vertreten. Die Untersuchung des Bundesverbandes ergab, dass das Zusammenleben sich in der Regel konfliktfrei gestaltet. Die meisten Befragten stellten überhaupt keinen Unterschied zwischen deutschen und ausländischen Kleingärtnern fest. Gelegentlich wurde über eine laxere Auffassung der Gartenordnung, Sprachprobleme und das Nichteinhalten von Ruhezeiten oder über zu laute und zu häufige Feste geklagt. Dafür bescheinigten andere den ausländischen Gärtnern mehr gärtnerische Kompetenz, vor allem was Nutzpflanzen betrifft, und empfanden es als Bereicherung, dass diese Pflanzen und Gartentraditionen aus ihrer Heimat in die deutschen Kolonien bringen.

Auch in Hinblick auf die Sozialstruktur sind die einzelnen Kleingartenvereine höchst unterschiedlich. Während sich in einigen – sowohl im Osten wie im Westen – ein breites Bevölkerungsspektrum trifft, „vom Arbeitslosen bis zum Apotheker" und „vom Hartz-IV-Empfänger bis zum Professor", ist in anderen der gut situierte Mittelstand unter sich. In wieder anderen Vereinen überwiegen einkommensschwache Haushalte. Dr. Werner Heinz, Mitglied der Fachkommission Stadtentwicklung im Deutschen Städtetag, meint, dass die meisten Kleingartenvereine in Zukunft wohl noch wesentlich heterogener als bisher sein werden, sowohl was Alter, nationale Herkunft und Einkommen betrifft. Als bislang unterrepräsentiert sieht er vor allem Singles, kinderlose Paare jungen oder mittleren Alters und Alleinerziehende. Heinz hält es allerdings auch für möglich, dass als Gegenbewegung zu dieser „Buntheit" einzelne, extrem homogene Vereine entstehen, in denen eine bestimmte Gruppe bewusst unter sich bleiben will.

MIT INTEGRATION ZUM ERFOLG
Die soziale Integrationskraft einer Kleingartenanlage ist, neben der Gestaltung der Gärten, dem Umweltschutz und der städtebaulichen Einbindung, eines der Bewertungskriterien beim Bundeswettbewerb „Gärten im Städtebau", der „Olympiade" der Kleingärtner. Schon häufig schnitten Vereine, die sich besonders um Integration bemühten, auch in den anderen Kategorien hervorragend ab und errangen Gold- und Silbermedaillen.

## Vom Liegestuhl zum Biogemüse

Was aber treibt die Menschen in die Gärten? Auch hier werden die Motive immer bunter. Während es früher oft vor allem darum ging, den Geldbeutel durch selbst gezogenes Gemüse zu entlasten, zählt heute meist ein ganzes Bündel von Beweggründen. Ein Hauptmotiv vor allem für Großstädter ist die Entspannung im Grünen an der frischen Luft. Dabei bietet der eigene Garten mehr Privatheit als ein Stadtpark und liegt in der Regel näher als die Ausflugsziele im Umland. Er bietet meist mehr Raum für Feste mit Freunden als die Wohnung und Familien können ihn gemeinsam genießen, ohne widerstrebende Interessen unter einen Hut bringen zu müssen. Kinder können ohne Aufsicht spielen, die Agilen werkeln und die Faulen entspannt im Liegestuhl ruhen. Er ist ein idealer Platz für die verschiedensten Arten, sich zu verwirklichen, egal ob es um die größte Gartenzwergsammlung, die meisten Tomatensorten, die dicksten Kürbisse, die schönsten Rosen, die komfortabelste Laube, die besten Marmeladen oder eine perfekte Gesamtgestaltung geht. Man kann ein verwunschenes Paradies aus seinem Kleingarten machen, eine Parkeisenbahn mit allen Schikanen installieren, ihn aber auch so gestalten, dass er möglichst wenig Arbeit macht und die Erholung im Vordergrund steht. „Lazy Gardening" oder „Gärtnern für Faulpelze" heißt dieser Trend. Doch nicht jeder sucht in erster Linie die

In der Ferne, aber auch im Schrebergarten – uns freut doch der in Jahrzehnten erkämpfte Urlaub.

Ruhe hinter seinem Gartenzaun. Für viele Kleingärtner ist die Kolonie auch als sozialer Treffpunkt wichtig. Im Gegensatz zum anonymen Mietblock, wo es schwer ist, selbst mit seinen unmittelbaren Nachbarn ins Gespräch zu kommen, geht der Plausch über den Gartenzaun viel leichter von der Hand und der Verein bietet die vielfältigsten Möglichkeiten, sich je nach den eigenen Vorlieben „etwas", „mittelstark" oder auch mit Leib und Seele einzubringen. Gerade für Rentner und Arbeitslose, denen mit dem Arbeitsplatz oft elementare soziale Kontakte verloren gehen, wird das Engagement im Kleingarten extrem wichtig.

*Das Thema Kleingarten wussten in den 1950er-Jahren auch die Gewerkschaften für sich zu nutzen.*

Nicht zuletzt ist auch Selbstversorgung wieder angesagt. Während in den 1990er-Jahren noch Freizeit und Erholung dominierten, müssen die meisten Vereine heute nicht mehr darum kämpfen, dass wenigstens ein kleiner Teil der Gartenfläche für Obst- und Gemüse reserviert wird. Jeder Lebensmittelskandal vergrößert das Heer derjenigen, die ihr Gemüse wieder selbst anbauen wollen, weil ihr Unbehagen gegenüber anonymen Lebensmittelproduzenten stetig wächst. Nicht wenige haben sogar den Ehrgeiz, sich (nahezu) vollständig aus dem eigenen Garten zu versorgen. Jedenfalls boomen Bücher mit Titeln wie *Handbuch für Selbstversorger* und *Autark auf 300 Quadratmetern*. Was die Ökonomie betrifft, kann das Gärtnern zwar nicht mit den billigsten Angeboten aus dem Supermarkt mithalten, selbst wenn man nur Pacht, Geräte, Samen und Dünger und nicht die Arbeitszeit einrechnet. Vergleicht man die eigenen Gartenerzeugnisse aber mit hochwertigen Bio- oder Premiumprodukten, dann sieht die Sache ganz anders aus. Und selbst die teuerste Ware aus dem Handel erreicht häufig nicht den Geschmack und schon gar nicht die Frische selbst gezogener Gartenfrüchte. Für Gourmets – und Genießen liegt derzeit voll im Trend! – kann der eigene Garten deswegen eine enorme Preisersparnis bedeuten.

# Das deutsche Kleingärtnermuseum in Leipzig

**G**ärtnerei im Museum? Das ist doch eigentlich ein Widerspruch in sich. Und so befindet sich das weltweit bislang einzige Museum, das sich mit der Geschichte der Kleingärtner beschäftigt, natürlich auch inmitten einer schmucken Kleingartenanlage. Es ist im Vereinshaus der denkmalgeschützten Gartenanlage „Dr. Schreber" in Leipzig zu finden. In dieser traditionsreichen Kolonie gärtnert der erste Schreberverein seit 1876, nachdem der „Schreberplatz", auf dem alles angefangen hatte, dem Bau einer Straße hatte weichen müssen. Im Jahr 1996 wurde ein Museum eingerichtet und im Rahmen des 30. Kongresses des internationalen Kleingärtnerverbandes eingeweiht.

**I**m ersten Stock einer malerischen Fachwerkvilla mit stilechtem Türmchen, die so gar nicht zu den gängigen Vorstellungen von einem „Vereinsheim" passen will, wird in der Dauerausstellung „Deutschlands Kleingärtner – vom 19. zum 21. Jahrhundert" über die Geschichte des deutschen Kleingartenwesens informiert. Ausgehend von den Anfängen in Kappeln an der Schlei über die Gründung der Schrebervereine

in Leipzig bis schließlich zu den Trends der Kleingärten im neuen Jahrtausend – umfassend zeigt das Museum die reichhaltige Geschichte der Gartenkolonien. Dazu werden dem Besucher in zahlreichen Dokumenten Freud und Leid der Kleingärtner über zwei Jahrhunderte hinweg vor Augen geführt.

**S**eit dem Jahr 2000 verfügt das Museum auch über einen schönen Museumsgarten, der nach Vorbildern aus der Zeit um 1900 gestaltet ist. Dort kann man eine der ältesten erhaltenen Gartenlauben Deutschlands bewundern, die 1880 an gleicher Stelle errichtet wurde, sowie vier weitere historische Lauben aus Sachsen. Auch der beliebte Kinderspielplatz des Museums ist nach dem Vorbild der Schreberspielplätze von 1900 angelegt.

**D**as Museum befindet sich im Leipziger Westen, etwas südlich der Arena Leipzig. Es hat Dienstag bis Donnerstag von 10 bis 16 Uhr geöffnet. Anschrift: Deutsches Kleingärtnermuseum, Aachener Straße 7, 04109 Leipzig, Tel. 0341/211 11 93, www.kleingarten-museum.de

*Vereinshaus des Deutschen Kleingärtnermuseums*

# Auszug aus der
# Gartenordnung
## vom 26.10.1991

Pkt. 6.4. Jeder ruhestörende Lärm ist zu vermeiden.

## Besondere Ruhe ist zu wahren:

* täglich zwischen 12.oo und 15.oo Uhr
* vor 8.oo und nach 22.oo Uhr
* an Sonn- und Feiertagen ganztägig

Niemand darf durch die Lautstärke von Rundfunk- und Phonogeräten belästigt werden.

Die Pächter haben ihre Angehörigen und Gäste dazu entsprechend anzuhalten.

Der Vorstand

# Von Freiheit und ihrer Einschränkung

## Verlangt der Garten nach Regeln? – Statuten, Gesetze und Gemeinschaftsordnungen

*Denn der Garten kann nichts anderes sein als eine Ordnung.*
Rudolf Borchardt in *Der leidenschaftliche Gärtner* (1938)

DAS LEBEN IM KLEINGARTEN wird durch das Bundeskleingartengesetz und die Satzung des jeweiligen Vereines geregelt. Derartige Regelwerke haben nicht unerheblich dazu beigetragen, den Kleingärtner in den Ruch besonderen Spießertums geraten zu lassen. Und das nicht erst in der deutschen Nachkriegsgeschichte. Der Konflikt um Sinn und Unsinn von Regeln begleitet das Kleingärtnerwesen schon von
Anfang an. Er liegt quasi in der Natur der Sache. Denn zum einen ist Gärtnern eine Tätigkeit, die viel mit Ordnung zu tun hat. Gärten sind eben nicht eingezäunter Wildwuchs, sondern gestaltete Natur. Selbst derjenige, der gerade Kanten und in Form gebrachte Bäume hasst, richtet sich in seinem Garten nach festen eigenen Vorstellungen ein. Andererseits bedeutet der eigene Garten für seinen Besitzer auch ein Stück Freiheit. Allzu viele Regeln widersprechen der Vorstellung vom kleinen grünen Paradies, in dem man sein darf, wie man will, und das Leben unbeschwert genießen kann.

## Der gesetzliche Rahmen

*Der einzelne Kleingärtner kann in seinem Gärtchen nicht tun und lassen, was er will, sondern ist an die Forderungen, die die Allgemeinheit hinsichtlich der schönheitlichen Ausgestaltung zu stellen berechtigt ist, gebunden.*
Heinrich Förster, Vorsitzender des Reichsverbandes der Kleingärtner (1921–1933)

Das Bundeskleingartengesetz, kurz auch BKleinG genannt, stammt von 1983. Es legt fest, dass ein Kleingarten zur Erholung und zur nicht erwerbsmäßigen gärtnerischen Nutzung, insbesondere der Gewinnung von Gartenbauerzeug-

*Ein Schild mit der Gartenordnung am Eingang zum Kleingartenverein „Eisenbahner Gartenfreunde" in Frankfurt (Oder)*

nissen für den Eigenbedarf, dient. Das Gesetz findet für all jene Kleingärten Anwendung, die mit mindestens vier anderen zu einer Kleingartenanlage zusammengefasst sind. Wer auf eigene Faust von privat ein Stück Land pachtet oder sich mit weniger als drei Genossen zusammentut, ist nicht an die Regelungen des Gesetzes gebunden, genießt aber auch nicht seinen Schutz.

Zu den Vorteilen, die das Gesetz den Kleingärtnern bietet, gehört zum Beispiel die Begrenzung der Pachthöhe. Die darf höchstens viermal so hoch sein wie die ortsübliche Pacht im gewerbsmäßigen Obst- und Gemüsebau. Das klingt viel. Tatsächlich aber betrug die durchschnittliche Pacht der deutschen Kleingärten im Jahr 2007 nur 17 Cent pro Quadratmeter. Für 400 Quadratmeter Garten sind das gerade mal 68 Euro im Jahr, was deutlich unter den Pachtkosten für andere Freizeitflächen liegt. Ein anderer Vorteil ist, dass Kleingartenvereine, die die gesetzlichen Auflagen erfüllen, als gemeinnützig anerkannt werden.

Zu den Auflagen gehört, dass Kleingärten tatsächlich klein, das heißt konkret nicht größer als 400 Quadratmeter sein sollen. Außerdem müssen auf mindestens einem Drittel der Fläche Nutzpflanzen angebaut werden. Das klingt zunächst einmal kleinlich, hat aber seinen Sinn. Es soll gewährleisten, dass die Kleingartenparzellen wirklich Gärten bleiben und nicht zu reinen Freizeitgrundstücken werden, auf denen gegrillt, gebastelt, gefeiert, gecampt oder Fußball gespielt, aber nicht oder nur minimal gegärtnert wird. Allerdings sind die Vereine heute bei der Regelauslegung meist recht großzügig. Während früher häufig Gemüsebeete in entsprechender Größe

*Ein Kleingarten, der die Vorgaben des Vereins vorbildlich umsetzt* verlangt wurden, werden heute auch locker verteilte Obstbäume und Beerensträucher als gärtnerische Nutzfläche akzeptiert. Nutzgärtnerische Monokulturen dagegen können auch moniert werden. Eine Faustregel besagt, dass etwa

ein Drittel des Gartens der Nutzgärtnerei, ein Drittel Rasen und Ziergärtnerei und ein weiteres Drittel Einrichtungen wie Laube, Wegen etc. vorbehalten sein soll. Entgegen anders lautenden Gerüchten wird aber nicht mit dem Zentimetermaß nachgemessen.[9]

*Es muss nicht immer die Karibik sein: Kleingärten liegen bei den Deutschen auch als „Urlaubsziel" im Trend.*

Eine weitere Vorschrift, um die oft gefeilscht wird, betrifft die Kleingartenlaube. Sie darf inklusive überdachter Terrasse höchstens 24 Quadratmeter Grundfläche haben und nicht zum dauerhaften Wohnen geeignet sein. Bestandsschutz haben größere Lauben nur, wenn sie bereits vor Inkrafttreten des Gesetzes gebaut wurden.

Das gilt insbesondere für die Datschen auf dem Gebiet der ehemaligen DDR. Weiter verlangt das Kleingartengesetz, dass Belange des Umwelt- und Naturschutzes sowie der Landschaftspflege bei der Nutzung und Bewirtschaftung berücksichtigt werden sollen. Konkrete Vorgaben werden hier allerdings nicht gemacht.

........................................................

[9] Vergleicht man Gärten des 20. und 21. Jahrhunderts mit denen des 19. Jahrhunderts, dann fällt vor allem auf, dass heute große Teile, in Ziergärten sogar überwiegend, von Rasenflächen eingenommen werden, die es früher so nicht gab. Jedenfalls nicht in Deutschland. Die Rasenkultur kommt aus England und noch um 1900 ging man davon aus, dass ein gepflegter Rasen in Deutschland aus klimatischen Gründen eine Sache der Unmöglichkeit sei. Dann jedoch trat er dank neu entwickelter Rasensprenger, Mäher, Grasmischungen und Dünger seinen Siegeszug an.

## Jeder Verein ist anders

Das Kleingartengesetz ist eine Sache. Die Verordnungen der Verbände und Vereine eine andere. In der Regel haben entweder der jeweilige Landesverband der Deutschen Gartenfreunde oder die Bezirks- beziehungsweise Stadtverbände eine Rahmengartenordnung, an die sich dann die angeschlossenen Vereine halten müssen.

Die meisten Vorschriften einer solchen Rahmenverordnung gelten dem konfliktfreien Miteinander. Da wird etwa verboten, Sträucher anzupflanzen, die als Wirtspflanzen für Schädlinge dienen können, z. B. Wacholder, auf dem der Gitterrost überwintert, der im nächsten Sommer Nachbars Birnbaum den Garaus macht. Außerdem sind Kleingärtner verpflichtet, ihren Garten unkrautfrei zu halten und ansteckende Pflanzenkrankheiten zu bekämpften, da beide Plagen sonst schnell alle Grundstücke befallen. Mindestabstände und maximale Wuchshöhen für Bäume und Hecken sollen verhindern, dass Nachbargrundstücke zu sehr beschattet werden. Außerdem ist in der Bundesrepublik seit 1955 die Kleintierhaltung – mit Ausnahme von Bienen – verboten, da sie oft für Konflikte gesorgt hat. Ausnahmen gibt es nur noch im Rahmen des Bestandsschutzes auf dem Gebiet der ehemaligen DDR. Haustiere dürfen nur vorübergehend mitgebracht werden und genauso wenig dem Nachbarn und der Umwelt (etwa durch Vogeljagd) zur Last fallen wie offenes Feuer oder allzu laute und allzu feucht-fröhliche Feste.

### Umweltschutz rückt ins Blickfeld

Andere Vorschriften gelten dem Umweltschutz. Die Grundstücke dürfen nicht versiegelt und nicht übermäßig bebaut werden. Umbauten an der Laube müssen genehmigt werden, weitere Gebäude sind nicht zulässig mit Ausnahme von Gewächshäusern einer bestimmten Größe. Transportable Planschbecken sind meist okay, feste Swimmingpools nicht. Gartenabfälle dürfen nicht verbrannt werden, sondern müssen sachgerecht kompostiert werden. Wasserklosetts sind nicht zulässig, da Kleingartenanlagen keine Kanalisation haben, sondern lediglich Chemie- oder Komposttoiletten.

Über solche Rahmenbedingungen hinaus können Vereine spezielle Regelungen treffen. Es gibt zum Bespiel manche, die sich besonders der Nutzgärtnerei verschrieben haben, andere, die in Sachen Umweltschutz und ökologisches Gärtnern strenger sind, oder solche, die nur bestimmte Typen von Lauben genehmigen, um ein einheitliches Bild zu gewährleisten. Vor allem aber legen die Vereine eine bestimmte Anzahl von Pflichtstunden fest, die jedes Mitglied abzuleisten hat. Meist sind die Vorschriften moderat. Gefordert werden etwa drei bis vier Stunden pro Jahr. Dabei geht es vor allem um Mithilfe bei der Pflege von Gemeinschaftsanlagen wie Clubhaus, Kinderspielplatz und Zugangswegen.

*Inzwischen verbringen mehr als fünf Millionen Bundesbürger ihre Freizeit regelmäßig im Kleingarten.*

Meist bringt sich ein Großteil der Mitglieder über diese Pflichtstunden hinaus ein. Manche haben den Verein sogar zur Lebensaufgabe gemacht und widmen ihm jede freie Minute. Auch braucht es „Vereinsmeier", die sich bereitfinden, ehrenamtliche Funktionen wie Vorsitzender oder Kassenwart zu übernehmen oder sich darüber hinaus auch noch im Bezirks-, Landes- und Bundesverband zu engagieren.

Je nachdem wie stark das Gesamtengagement der Mitglieder ist, fällt das Vereinsleben mehr oder weniger rege aus. Bei den einen gärtnert im Großen und Ganzen jeder auf seiner Parzelle vor sich hin und das Vereinsleben beschränkt sich auf das Nötigste. Andere legen öffentliche Lehrpfade und Schulgärten auf ihrem Gelände an, bieten ein reichhaltiges Fortbildungsprogramm, pflegen Kooperationen mit benachbarten Einrichtungen wie Kitas oder Altenheimen, feiern tolle Feste, die auch über die Kolonie hinaus Menschen anziehen, errichten ein besonders schmuckes Vereinsheim oder spezielle Gemeinschaftsanlagen wie Kinderspielplätze, gemeinsame Kompostplätze, Kläranlagen, Brunnen, Solaranlagen, Dorfbacköfen, Nisthilfen für Vögel oder Insekten etc.

### Rückzug ins Idyll?

Sind Kleingärtner wirklich spießiger als der Rest der Bevölkerung? Eine Umfrage der Zeitschrift „Mein schöner Garten", die allerdings schon aus dem Jahr 1993 stammt und nicht nur Kleingärtner, sondern Gartenbesitzer generell unter die Lupe nahm, kam zu dem Ergebnis, dass Gartenbesitzer im Schnitt tatsächlich etwas konservativer als der Rest der Bevölkerung sind, zum Beispiel eher konservativ wählen und konservative Werte wie „Recht", „Ordnung", „Sparsamkeit" und „Familie" höher halten. Nicht bestätigt wurde dagegen, dass Gartenbesitzer sich nicht für die Welt außerhalb ihres Gartens interessieren. Im Schnitt waren sie politisch interessierter, häufiger Mitglieder von Vereinen, Parteien und Bürgerinitiativen, hatten mehr Bekannte und gingen auch häufiger zu kulturellen Veranstaltungen als Nichtgartenbesitzer.

## Wie man Kleingärtner wird

Wer unter die Kleingärtner gehen will, muss erst einmal eine freie Parzelle finden. Die sind in der Regel rar gesät. In begehrten Lagen, vor allem im Zentrum großer Städte, muss man meist mit Wartelisten rechnen, auf denen man schon mal ein paar Jahre stehen kann, bevor man einen Zuschlag erhält. Aber nicht nur die Lage zählt. Jeder Kleingarteninteressierte sollte sich auch zuvor informieren, ob der jeweilige Verein zu ihm passt. Wer vor allem faul in der Sonne liegen will, ist in einem Verein, der den Ehrgeiz hat, beim nächsten Gartenwettbewerb wieder mit einer Goldmedaille heimzugehen, fehl am Platz, und wer sehr lärmempfindlich ist, fühlt sich vielleicht in einer Kolonie voller Familien mit kleinen Kindern nicht unbedingt wohl. Auch was die Vereinssatzung angeht, gibt es oft sehr unterschiedliche Ansichten. Die einen finden eine strikte Anwendung unerträglich, die anderen halten das für absolut notwendig. Auch hier sollte man im Vorfeld Erkundigungen einziehen, ob man mit der konkreten Praxis in einem Verein gut leben kann.

Wird dann eine Parzelle frei, muss man sich entscheiden, ob sie einem zu-
sagt. Denn man erhält ja kein leeres Grundstück, sondern einen Garten, so
wie ihn der Vorpächter angelegt hat. Für alle festen „Einrichtungen" wie
Laube, Zäune, Pflasterung, Pflanzen, Kompostsilos etc. sind Abschlagszahlungen fällig. Um einen fairen Preis zu finden, steht Vor- und Neupächter
eine unabhängige Bewertungskommission von Vereinsseite bei, denn es geht
meist nicht um einen Pappenstil. Für einen gut gepflegten Garten mit soli-
der Laube können schon mal 5000 Euro fällig werden. Aber auch Fairness
bei der Preisermittlung garantiert nicht in jedem Fall, dass beide Parteien
zusammenkommen. Wenn die Geschmäcker in Bezug auf Aussehen der
Laube und Art der Bepflanzung zu unterschiedlich sind, dann kann auch
ein objektiv fairer Preis für den potenziellen Nachpächter *Oft keine leichte Ent-*
subjektiv zu hoch sein. Wichtig ist auch, dass man nichts *scheidung: Welchen Wert*
übernimmt, was gegen die Vorschriften entspricht, z. B. zu *hat eine Holzlaube? Und*
hohe Bäume oder eine zu große Laube, die man dann auf *gefällt der Garten?*
eigene Kosten beseitigen lassen muss.[10]

.....................................................

[10] Organisiert sind die deutschen Kleingärtner im „Bundesverband Deutscher
Gartenfreunde e. V." Er hat 20 Landesverbände, denen 15.000 Vereine angehö-
ren. Insgesamt gibt es über eine Million Gärten mit etwa 5 Millionen Nutzern
und 46.000 Hektar Fläche. Dazu kommen rund 75.000 Gärten der „Bahn Landwirtschaft e. G." und einige Zehntausende unorganisierte Kleingärtner. Damit
ist etwa jeder 15. bis 16. Deutsche Kleingartennutzer. Die höchste Kleingarten-
dichte gibt es in Sachsen mit sechs Gärten pro 100 Einwohner. Im sächsischen
Altenberg liegt die Zahl sogar über 13, während das einstige Kleingarten-Mek-
ka Berlin nur auf gut zwei kommt.

Außer Ablöse und Pachtgebühren muss der Neugärtner auch noch die Mitgliedsbeiträge für seinen Verein bedenken, außerdem Grundsteuer, Straßenreinigung, Wassergebühren und Versicherungen sowie etwa eine Feuer- und Haftpflichtversicherung für die Laube. Was anfällt und welche Versicherungen verpflichtend sind, ist von Verein zu Verein verschieden.

## Der Kampf um Ordnung und Schönheit

*" Man beachte einmal offenen Auges eine Siedlung von Schrebergärtnern und beobachte, welche Auswirkung der Drang des Menschen nach Ausdruck seiner Individualität dort hervorbringt. "*

Konrad Lorenz in *Die acht Todsünden der zivilisierten Menschheit* (1973)

FELDZUG GEGEN WIMPEL UND GIRLANDEN
Zu Beginn des 20. Jahrhunderts war es üblich, dass die Parzellen zu Festen mit Papiergirlanden, Wimpeln, Fähnchen, Lampions und „dergleichen unnötigem verunzierendem Firlefanz", wie die Zeitschrift „Der Laubenkolonist" 1913 wetterte, geschmückt wurden. Nach Ansicht des damaligen Verbandsorgans sollten diese „unpassenden Dekorationen" aus den Kolonien verschwinden, da sie oft den „Verdienst von 1 bis 2 Arbeitstagen" kosteten, hinterher die Parzellen mit Papierschnitzeln verunzierten und auch das Anbringen Zeit koste, die besser den Beeten gewidmet würde.

Der Streit um das rechte Maß an Regeln im Kleingarten ist so alt wie das Kleingartenwesen selbst. Immer in Krisensituationen, wenn der Kleingarten als Behelfsheim, zur Ernährungssicherung und allen möglichen anderen Zwecken dienen musste, wurde ein Auge zugedrückt. Besserten sich die Zeiten und wurde das „polyvalente Funktionsgefüge Kleingarten wieder auf seine gartenbauliche Elementarfunktion zurechtgestutzt", wie es der Gartenwissenschaftler Hartwig Stein in seiner Dissertation „Inseln im Häusermeer" ausdrückt, dann traten prompt die Vorkämpfer für schöne und ordentliche Kolonien auf den Plan. „Fahren Sie einmal auf der Berliner Stadtbahn durch Berlin … dann bekommen Sie einen Schreck vor den finsteren Lauben mit altem Gerümpel, die Sie dort entdecken", klagte etwa Alwin Bielefeldt 1912. Es war aber keineswegs so, dass nur Behörden und besser gestellte Mäzene wie Bielefeldt für Norm und Ordnung eintraten. Auch proletarische Vorstreiter des Kleingartenwesens wie der Berliner Otto Albrecht wetterten in Friedenszeiten gegen das „zigeunerhafte Durcheinander" so mancher Kolonie.

*Die Frage nach der richtigen Ordnung kann, wie hier in der Karikatur „Der Bürger als Landmann", einen unerfahrenen Gärtner vor Probleme stellen.*

In der Weimarer Zeit führten dann mit Harry Maasz und Leberecht Migge zwei renommierte Gartenarchitekten einen Richtungsstreit um die wahre Bestimmung des Kleingartens. Während Migge vehement für pure Nutzgärten eintrat, wollte Maasz das Nützliche mit dem Ordentlichen verbinden und plädierte für vielseitig nutzbare Erholungs- und Wirtschaftsgärten, die sich gefällig in städtische Grün-

PIRCUSTE. SC

*Für den einen ein naturnaher Garten, für den anderen eine verwahrloste Wildnis*

flächen einfügen. Sein Motto war, „über peinlichste innere Ordnung und Sauberkeit … zur peinlichsten äußeren Ordnung und Sauberkeit und von da … zur Kleingarten-Schönheit" zu gelangen. In der Hamburger Monatszeitschrift „Der Kleingarten" verlangte er, „Einfriedungen aus abgestorbenen Tannen" durch „lebende Hecken" zu ersetzen, „Zigeunerlauben aus Kistendeckeln durch Gartenhäuser in satten, freudigen Farbtönen", „Zwerge, Gnomen, Rehe durch Bildwerke von künstlerischem Wert", „verwahrloste Graswege durch mit Grand beschüttete Wege" und „Beeteinfassungen aus umgestülpten Flaschen oder Muscheln durch Einfassungen aus Buchsbaum".

Vor allem Lauben standen immer wieder im Mittelpunkt der ästhetischen Diskussion. In Hamburg wurden 1913 von dem Architekten Eugen Goebel erste genormte Typenlauben entworfen. Nach dem Krieg versuchte der Kleingartenverband dann beharrlich, seinen Mitgliedern genormte Lauben schmackhaft zu machen. Sie seien „zweckmäßig und schön" und würden für Einheitlichkeit und Ausgeglichenheit in den Kolonien sorgen. Als 1926 in Hamburg die Dauerkolonie mit dem programmatischen Namen „Fortschritt und Schönheit" angelegt wurde, sollten alle künftigen Pächter 800 Mark für eine genormte Laube zahlen. Es hagelte so lange Proteste, bis die Verantwortlichen ein billigeres Modell für 350 Euro entwerfen ließen, das dann auch noch zur Hälfte von der Stadt mit Darlehen vorfinanziert wurde. Trotzdem blieb „Fortschritt und Schönheit" nur den besser verdienenden Interessenten vorbehalten.

EISENBAHNER

Einer der Helden von Erich Kästners Roman *Das fliegende Klassenzimmer* ist der Nichtraucher, der seinen Namen bekommen hat, weil er in einem Eisenbahnwaggon der Kategorie „Nichtraucher" lebt. So exotisch, wie man meinen könnte, war dieses Domizil gar nicht. Ausrangierte Eisenbahnwaggons waren als Kleingartenlauben früher sehr beliebt. Sie wurden auch offiziell verkauft. Allerdings waren sie nicht billig. Ein Personenwagen kostete zwischen 300 und 400 Mark und für einen Güterwagen musste man immerhin noch 175 bis 250 Mark hinblättern.

Auch heute gibt es Verbände, die einheitliche Lauben vorschreiben. Meist können die Pächter dabei unter verschiedenen Typen wählen. Aber auch wenn es keine Vorgaben gibt, entsteht gelegentlich eine ungewollte Eintönigkeit durch die massenhafte Verwendung gleicher oder ähnlicher Baumarktmodelle. Andere setzen bewusst auf Individualität, wobei das Spektrum von der selbst gezimmerten „Villa Kunterbunt" bis hin zur luxuriösen Wellnesslaube im Feng-Shui-Garten reicht. Auch manche junge Architekten nehmen sich inzwischen der Gartenlaube an und entwerfen praktische, normgerechte Gartenhäuser in modernem, ungewöhnlichem Design.

Neben dem Aussehen war auch das Wohnen in den Lauben immer wieder ein Streitpunkt. In Krisenzeiten wurde es meistens geduldet, im Extremfall sogar begrenzt erlaubt, aber immer wieder vehement bekämpft, wenn sich die Lage entspannte. Allenfalls duldete man, dass die Bewohner den Sommer über in ihren Gärten wohnten, allerdings nur, „sofern Gemeindeinteressen, Hygiene sowie Ruhe und Ordnung" gewahrt blieben und die Laubenbewohner eine reguläre, feste Bleibe nachweisen konnten. Ein Argument war, dass der „Laubenschlaf" im Grünen erholsamer sei als in den stickigen Städten und so der Arbeitskraft diene, ein anderes, dass die Wege zwischen Wohnung und Laube oftmals zu weit waren, um die Pflanzen und Tiere täglich versorgen zu können. Heute, wo die Luft auch in den Stadtzentren besser geworden ist und Wege kein Problem mehr sind, wird meist nur ein „gelegentliches Übernachten im Sommer" geduldet, wobei es von Kolonie zu Kolonie verschieden ist, wie streng das „gelegentlich" ausgelegt wird.

*Nicht alle Verbände schreiben einheitliche Lauben vor. Erlaubt ist manchmal auch extravagante Architektur mit großer Rasenfläche und Apfelspalier.*

# Der Bezirksverband der Gartenfreunde Neunkirchen

Neunkirchen im Saarland gehört zu denjenigen Städten, die immer noch unter den Folgen des Niedergangs von Kohle- und Schwerindustrie leiden. Die Arbeitslosenzahlen sind hoch und die Bevölkerung schrumpft. Nur die Kleingärten boomen. Das liegt auch daran, dass der Bezirksverband alles unternimmt, um Menschen mit geringen Einkommen in die Gärten zu holen. In der Stadtverwaltung setzt man sich dafür ein, dass die extrem niedrigen Pachtpreise von derzeit vier Cent pro Quadratmeter erhalten bleiben. Dazu kommen Vereinsbeiträge von nur 13 Euro im Jahr. Auch die Ablösen für die Lauben sind vergleichsweise niedrig, da es sich zum größten Teil um kostengünstige Holzhäuser handelt. Vor allem aber steht man Vereinsmitgliedern, die auf Hartz-IV angewiesen sind oder in ähnlich prekären Verhältnissen leben, uneingeschränkt positiv gegenüber. Das Resultat: Der Anteil der Hartz-IV-Empfänger in den örtlichen Gartenkolonien liegt bei über einem Drittel. „Wir haben uns die Integration auf die Fahne geschrieben und sind rundherum glücklich damit", erklärt Bezirksvorsitzender Wolfgang Klos. Schwierigkeiten mit den weniger betuchten Mitgliedern gibt es keine. Im Gegenteil: Viele der Arbeitslosen widmen einen Großteil ihrer freien Zeit Garten und Verein und packen besonders engagiert mit an. Und zwar auf eigene Initiative. „Die brauchen auch keinen Auftrag", beugt Wolfgang Klos eventuellen Vorurteilen vor. Überhaupt sei es nichts Besonderes, dass arbeitslose Kleingärtner bestens im Verein integriert seien.

## Vorbild für Integration

Besonders stolz ist der Vorsitzende auf den „Tag des sozialen Gartens". Dabei helfen die sechs Vereine in Neunkirchen zusammen, um einmal jährlich die Bewohner eines Altenpflegeheims oder einer Werkstatt für Behinderte für einen Tag in die Gärten einzuladen. Es gibt Kaffee und Kuchen, Abendessen und dazwischen ein buntes Programm, alles auf Kosten des Bezirksverbandes. 2010 erhielt dann eine der Neunkirchener Kleingartenanlagen, „Wellesweiler", beim Bundesgartenwettbewerb „Gärten im Städtebau" einen Sonderpreis für Integration von Menschen verschiedener sozialer Milieus. „Eigentlich galt er allen Neunkirchner Vereinen", räumt Vorsitzender Robert Gerbracht ein. Arbeitslose Mitglieder beispielsweise hätten andere Vereine in Neunkirchen sogar mehr, dafür wären im Verein „Wellesweiler" besonders viele Behinderte und Ausländer Mitglied. Der Ausländeranteil liegt sogar bei über 40 Prozent. „Die meisten davon sind Polen", erzählt Gerbracht. „Die haben die schönsten Gärten und einen guten Zusammenhalt und sind bei allen Aktivitäten mit dabei." Neben dem Sonderpreis hat sein Verein beim Bundeswettbewerb auch noch eine „reguläre" Silbermedaille errungen. Da trug das gepflegte Erscheinungsbild genauso dazu bei wie die Tatsache, dass die Anlage allen Besuchern offen steht und den Spaziergängern sogar lauschige Sitzplätze zum Verweilen anbietet, dass es einen Kita-Garten auf der Anlage gibt und dass engagierter Naturschutz betrieben wird, etwa durch ein Biotop, ein großes Vogelschutzgehölz am Rand, durch Bienenkästen und ein Auffangbecken für Regenwasser.

*Die niedrigen Pachtpreise der Gartenfreunde Neunkirchen kommen vor allem Familien zugute.*

# Pöbelnde Zwerge, russische Tomaten und Bioanbau

## Neue Trends im Kleingarten

> *Die Normalität ist eine gepflasterte Straße, man kann gut darauf gehen – doch es wachsen keine Blumen auf ihr.*
>
> Vincent van Gogh (1853–1890)

DER STEGLITZER GARTENDIREKTOR Ludwig Lesser wetterte bereits 1915 im „Kleingarten" „gegen „Brezelwege in den verschiedensten Windungen, ‚Felsen' von einem Meter Höhe mit einem bunten Zwerg aus Ton darauf, ‚Vierwaldstätter Seen' zwei Quadratmeter groß, Ruinen aus Tropfsteinen" und fordert, solche Geschmacklosigkeiten so schnell wie möglich zu beseitigen, denn wie bei Haus und Möbeln gründe die Schönheit auch im Garten „auf Sachlichkeit."

Auch heute sind Kleingärten ein Ort der Selbstverwirklichung. Dabei gilt, dass das, was der eine schön findet, für den anderen der Gipfel der Geschmacklosigkeit sein kann. In Deutschland steht meist der Gartenzwerg im Mittelpunkt solcher Debatten. Kaum etwas wird so sehr mit Kleingärten in Verbindung gebracht wie der weißbärtige Wichtel mit der roten Zipfelmütze. Denn trotz seines miserablen Rufes als Inbegriff von Kitsch und Spießertum befinden sich immer noch etwa 25 Millionen Exemplare in deutschen Klein- und Hausgärten. Dazu kommen zahlreiche Rehe, Schneewittchenfiguren und Pilze.

Doch der Gartenzwerg ist keineswegs nur eine deutsche Eigenheit. In Großbritannien kennt man ihn als Garden gnome, in französischen Gärten steht er unter dem Namen Nain de Jardin. Die Dänen nennen ihn Havenisse, die Niederländer Tuinkabouter und die Polen Krasnal ogrodowy. Während sich Deutschland jedoch in Gartenzwerghasser aufteilt, denen kein Wichtel über die Gartenschwelle kommt, und Zwergenliebhaber, die nicht genug von den drolligen Gesellen in ihrem grünen Reich stehen haben können, geht man in anderen Ländern gelassener mit ihnen um. In Frankreich etwa haben viele Gartenbesitzer einen Zwerg, aber eben nur einen.

*Sie sind zwar nicht jedermanns Geschmack, dennoch haben Gartenzwerge begeisterte Anhänger und eine große Lobby.*

Zwischen Liebhaberei und Kitsch sind auch bei Sammlern von Gartenfiguren die Grenzen sehr fließend.

## Von edler Geburt

*„ So war mein Garten auch in der Gegend berühmt und jeder Reisende stand und sah durch die roten Staketen nach den Bettlern von Stein und nach den farbigen Zwergen. "*

Aus *Hermann und Dorothea*
von Johann Wolfgang Goethe

Obwohl man es den Zwergen nicht ansieht, sind sie adligen Ursprungs. Die ältesten erhaltenen Exemplare stammen vom Ende des 17. Jahrhunderts und wurden – neben anderen Figuren – in Schlossgärten aufgestellt, etwa im „Zwergerlgarten" von Schloss Mirabell in Salzburg. Diese ersten Zwerge, die häufig Bergmannstracht trugen, waren natürlich Unikate, die zum Teil von berühmten Künstlern geschaffen wurden. Die Salzburger Zwerge etwa entwarf Barockbaumeister Johann Bernhard Fischer von Erlach persönlich. Als eigentliche Wiege des Gartenzwergs gilt jedoch Gräfenroda, wo ab 1872 gleich zwei Firmen begannen, Gartenzwerge in Serienproduktion herzustellen. Von Thüringen aus verbreiteten sie sich millionenfach in ganz Europa und teils auch darüber hinaus.

### SCHABERNACK MIT ZWERGEN

1996 verschwanden im französischen Alençon regelmäßig Gartenzwerge aus Vorgärten, wozu sich eine „Front de Libération des Nains de Jardin" bekannte. Seither werden in den unterschiedlichsten Ländern immer wieder Gartenzwerge mit Verweis auf diese Front entwendet. Teilweise werden sie nur an anderen Plätzen neu aufgestellt und die Besitzer erhalten einen Hinweis, wohin ihre Zwerge „ausgewandert" seien, teilweise schicken die „Befreier" die Zwerge – wie im Film „Die fabelhafte Welt der Amélie" – auf fiktive Reisen, von denen die Besitzer Postkarten erhalten. Besonders weit gereiste Zwerge sind sogar schon zu Berühmtheiten geworden.

Spätestens in den 1980er-Jahren schien es, als wäre der Zwerg weiten Teilen der Kleingärtner endgültig zu kitschig geworden. Nur noch hartnäckige Fans wagten, einen aufzustellen und sich so dem Spott der Umwelt preiszugeben. Ganz eingefleischte Zwergenliebhaber gründeten schon die „Internationale Vereinigung zum Schutz der

Gartenzwerge". Doch dann tauchte plötzlich ein neuer Typus auf: Zwerge mit Messer im Rücken, heruntergelassener Hose, beim Sex, den Stinkefinger zeigend, Zwerginnen im Dominakostüm oder Zwerge mit dem Gesicht bekannter Politiker hielten in vielen Gärten Einzug. Natürlich entfachten sie prompt eine neue Geschmacksdiskussion. Aber auch wenn mancher Liebhaber „echter Gartenzwerge" Schaum vor dem Mund hatte oder sogar erfolgreich vor Gericht auf Entfernung jener Gesellen klagte, die ihm provokativ den Stinkefinger oder den nackten Hintern entgegenreckten, ist der Gartenzwerg durch seine „unartige" Variante doch wieder salonfähig geworden. Seit er mit seiner ewig gleichen Gemütlichkeit gebrochen hat und beweist, dass er auch witzig, originell und provokativ sein kann, hat er insgesamt wieder deutlich an Akzeptanz gewonnen.

## Kunst trifft Kohl

*Es sind die Kontraste, die ‚Kunst trifft Kohl' so spannend und erfolgreich machen.*

Hans-Peter Leßmann
in „Projekte in Kleingärten" (2011)

Abgesehen von Gartenzwergen ist noch so einiges mehr an zweifelhafter Kunst in Kleingärten zu finden. Manche Gärten sind mit Nachbildungen antiker Figuren, römisch anmutenden Keramikvasen und griechischen Säulen regelrecht als Theaterkulisse inszeniert. Andere moderne Gärtner greifen zu Buddhafiguren, steinernen chinesischen Weisen oder japanischem Dekor. Manch einer fertigt selbst gebaute Steinskulpturen oder verteilt seine Muschelsammlung pittoresk über den ganzen Garten. Passionierte Hobbyeisenbahner investieren viel Zeit und Liebe in eine Garteneisenbahn mit allen Schikanen, die

*Kleingärtner und ihre Werke: Bisweilen können sie mit so manchem professionellem Künstler konkurrieren.*

zwischen den Beeten ihre Kreise zieht. In den USA, vor allem in den Süd-
staaten, finden sich millionenfach rosa Plastikflamingos in den Gärten, die
dort genauso als Ikone des Kitsches gelten wie der Gartenzwerg hierzulande. US-Katholiken schrecken nicht einmal davor zurück, ihre Gärten mit
sogenannten „Bathtub Madonnas" zu schmücken, Heiligenfiguren, die von
einer künstlichen Grotte, Muschelhälfte oder Ähnlichem umgeben sind.

Ein relativ neuer Trend ist dagegen, „echte Kunst" und Kleingärten zusam-
menzubringen. In Münster etwa findet seit 2005 die Skulpturenausstellung
„Kunst trifft Kohl" statt. Dabei werden zeitgenössische Skulpturen in drei
Kleingartenanlagen im Stadtteil Kinderhaus gezeigt. Das Spektrum reicht
von traditioneller klassischer Bildhauerei bis hin zu beweglichen Kunstob-
jekten. Künstler und Kleingärtner entscheiden gemeinsam, wo welche Figur
stehen soll. Auf diese Weise entfaltet Kunst eine ganz andere Wirkung auf
den Betrachter als in einem klassischen Ausstellungsraum. Der Gartenbesitzer übernimmt dabei während der Ausstellungszeit eine Art Patenschaft
für das in seinem Garten präsentierte Kunstobjekt. Inzwischen ist die
Ausstellung auf weitere Gärten und Parks in der Umgebung von Münster
ausgedehnt worden. Sogar zwei Standorte in den benachbarten Niederlanden wurden integriert, dort allerdings keine Kleingärten, sondern eine
Schaugartenanlage und Vorgärten in der Stadt Enschede.

Auch in Dortmund fand 2009 im Rahmen des Tanz- und Theaterfestivals
„off limits" ein Kunstprojekt in einer Kleingartenanlage statt. Unter dem
Motto „Fremde(s) in meinem Garten" wurden Kunstwerke und Installati-
onen aufgestellt, Performances und kleine Theaterstücke aufgeführt oder
Musikalisches dargeboten. Das Publikum wurde innerhalb von zwei Stunden von Station zu Station durch 30 Gärten geführt. Teilweise waren die
gastgebenden Gärtner sogar in die Aufführungen mit eingebunden.

## Der neugierige Blick

*Wer einen Garten gestaltet, entwirft ein Wunschbild der Welt.*
Horst Günther, Autor und Philosoph (2007)

So spannend die Begegnung zwischen Gärtnern und Nichtgärtnern auch
sein mag: Wer kann die Arbeit besser würdigen als ein anderer Gärtner? Und
wo holt man sich bessere Anregungen für den eigenen Garten als in einem
anderen Garten? In England ist es deshalb seit Langem selbstverständlich,
dass Gärtner ihre grünen Reiche an bestimmten Tagen im Jahr für Neugie-
rige öffnen. Die Idee wurde 1927 geboren. Der „National Gardens Scheme
Charitable Trust" wollte nach dem Tod der beliebten Königin Alexandra deren Wohltätigkeitswerk fortsetzen und beschloss, attraktive Privatgärten an
bestimmten Tagen im Jahr zu öffnen und das Eintrittsgeld dem Queen's Nur-
sing Insitute, einem Hilfsfonds für die Krankenpflege, zugutekommen zu
lassen. Jährlich nehmen seitdem einige Tausend Gärten an dieser Aktion teil.

In den 1990er-Jahren begann sich die Idee auch in Deutschland zu verbreiten. Privatgärtner beteiligten sich genauso wie Kleingartenvereine. Allerdings ist die Aktion nicht wie in England landesweit einheitlich organisiert und fest mit einem sozialen Projekt verbunden. In der Regel ist der Eintritt frei, in anderen Fällen wird für das „Tagesticket", das zum Eintritt in alle teilnehmenden Gärten berechtigt, eine kleine Aufwandsentschädigung genommen. In wieder anderen Regionen findet die Aktion wie in England zugunsten eines sozialen Projektes statt.

## Harzfeuer, Schwarze Russische und Berliner Schafsnase – die Vielfalt erhalten

Auf den Gartenbeeten hat im Moment eindeutig die Nutzgärtnerei Konjunktur. Selbst gezogenes Obst und Gemüse sowie Kräuter aus dem eigenen Garten sind wieder in. Dabei können die Sorten gar nicht vielfältig und exotisch genug sein. Da gibt es zum Beispiel die Fraktion der Tomatenfans. Vor jeder Pflanzsaison sind sie auf der Jagd nach neuen Sorten. In Tauschbörsen im Internet wird ein reger Handel mit Samen und Pflänzchen betrieben. Manch einer probiert jedes Jahr Dutzende von Varianten aus. Nach der Wende zum Beispiel waren die alten Sorten begehrt, die die DDR-Gärtner in ihren Kleingärten gehortet hatten. Nachdem Harzfeuer, Hellperle und Goldene Kö-

*Die reinste Freude: ein üppig tragender Apfelbaum im eigenen Kleingarten*

nigin jedoch inzwischen ihren Weg in die Gartencenter gefunden haben, wurden die Fühler weiter nach Osten ausgestreckt. Nun werden Schlesische Himbeere, Schwarze Russische, Glory of Moldova, Kasachstan Rubin oder Caspian Pink ausprobiert. Inzwischen hat man sogar begonnen, chinesische Sorten wie Baiguo Quiangfeng zu entdecken. Neben roten Tomaten werden rosarote, orangefarbene, gelbe, grüne, weiße und gestreifte gezogen. Selbst solche, die eine faulig lilabraune Färbung aufweisen oder so grotesk unregelmäßig wachsen, dass sie im Handel nie eine Chance hätten, werden mit Hingabe kultiviert und überzeugen nicht nur durch Originalität, sondern auch durch Qualitäten wie Geschmack, Widerstandsfähigkeit oder reiche Ernteerträge.[11]

Neben den Tomatenfans gibt es auch die Chililiebhaber, die Apfelfreunde, die Kräuterhexen, die Anhänger der Erdbeere und vieles mehr. Blaue Kartoffeln werden genauso angebaut wie Chilis, die dank ihrer Schärfe eigentlich unter das Waffenrecht fallen müssten. Apfelliebhaber retten gefährdete Sorten wie den Altländer Pfannkuchenapfel, die Berliner Schafsnase oder den Schönen aus Wiedenbrück. Kräuterfreunde begnügen sich nicht mit gewöhnlichem Basilikum, Thymian und Minze, sondern kultivieren Apfel-, Orangen- und Schokominze, Zitronenthymian, Zimt- und Opalbasilikum. Obstliebhaber entdecken die Quitte wieder, und Wildfrüchte wie Eberesche, Kornelkirsche und Holunder werden gepflanzt und zu ungewöhnlichen Marmeladen verarbeitet. Und Erdbeeren, das wissen inzwischen nicht nur die Anhänger dieser Frucht, können auch weiß sein und nach Ananas schmecken.

Ob all die exotischen Sorten wirklich besser schmecken als Herkömmliches? Auf jeden Fall schmecken sie anders. Sie sind etwas Besonderes, bereichern den Speisezettel, machen Eindruck. Einen Tomatensalat so bunt wie der Regenbogen zu servieren, aromatisches Kartoffelpüree vom Bamberger Hörnchen oder Ebereschengelee mit Zitronenthymian, das ist cool und hebt von der grauen Masse der Supermarktkäufer und Convenience-Köche ab. Oft schmecken alte Sorten wirklich besser. Mieze Schindler etwa ist eine Erdbeere mit einem Aroma, das man im Laden einfach nicht findet. Aber: „Die Mieze ist 'ne Zicke", wissen erfahrene Gärtner. So weich, dass sie kaum das Pflücken und beileibe keinen Transport übersteht, und auch in der Kultivierung recht anspruchsvoll. Nichts für Leute, die damit Geld machen wollen, sondern eine Pflanze für echte Liebhaber, die ihr die nötige Zuwendung und Aufmerksamkeit schenken. Auch Jostabeeren sucht man im Handel vergeblich. Zu groß sind die Sträucher im Vergleich zum Ertrag,

---

[11] Es gibt Untersuchungen, die zeigen, dass in privaten Gärten, vor allem in Kleingärten, hierzulande mindestens viermal so viel verschiedene Kulturpflanzen angebaut werden wie im Produktionsgartenbau. Möglicherweise ist die Zahl noch untertrieben. Klein- und Hausgärtner leisten auf diese Weise einen entscheidenden Beitrag zur Erhaltung der Artenvielfalt und werden dafür durch Geschmackserlebnisse der ganz besonderen Art belohnt.

zu mühsam das Pflücken der Beeren, zu verletzlich ihre Haut. Aber den, der sich ihrer annimmt, belohnen sie mit einem Aroma, das die frische Säure der Stachelbeere perfekt mit einem herben Cassisgeschmack verbindet und unvergleichliche Marmeladen ergibt.

## Die Kleingärten werden grün

Kleingärten als Vorreiter von Artenschutz und Ökologie, dies ist ebenfalls ein neuer Trend. Lange Zeit hatten Klein- und Hausgärtner ein miserables ökologisches Image. Sie standen im Ruf, immer gleich mit der Giftspritze parat zu stehen und weit größere Mengen an Kunstdünger und Insektiziden einzusetzen, als von kommerziellen Betrieben für eine gleich große Fläche benutzt wurden. Das hat sich jedoch grundlegend geändert. Vor allem für viele der jüngeren Kleingärtner, die ihre Parzelle innerhalb der letzten zehn Jahre übernommen haben, ist angewandter Umweltschutz ein Hauptbeweggrund, zu gärtnern. Der Wunsch nach gesundem, ungespritztem Obst und Gemüse steht auf der Motivationsskala von Kleingärtnern ganz oben. Fast zwei Drittel der Neugärtner verzichten vollkommen auf Kunstdünger, mehr als 80 Prozent auf chemische Schädlingsbe-

*Es darf wieder natürlicher werden: Kürbisanbau auf dem Komposthaufen einer Kleingartensiedlung.*

kämpfungsmittel und über die Hälfte wirtschaftet streng ökologisch. Aber auch die ältere Generation leistet hier ihren Beitrag. Umfragen belegen, dass 97 Prozent der Kleingärtner Regenwasser nutzen und 96 Prozent ihren eigenen Kompost herstellen, um ihre Beete zu düngen. Dabei werden sie von ihren Vereinen unterstützt. Mehr als 80 Prozent bieten mittlerweile ökologische Fachberatung an und in vielen existieren ökologische Mustergärten, die den Nachbarn zur Inspiration dienen sollen. Manche Kleingartenvereine legen ökologische Lehrpfade auf ihrem Gelände an, hängen Nisthilfen für nützliche Insekten auf, wandeln leer stehende Parzellen in Streuobstwiesen mit fast vergessenen einheimischen Sorten um und suchen die Kooperationen mit Schulen, um ihr Wissen um Umwelt- und Naturschutz weiterzugeben.

# Deutsche Laube, russische Datscha und französische Jardins familiaux

## Kleingartenanlagen als Spiegel ihrer Besitzer

*Der Garten ist das Spiegelbild des Himmels und der Sterne. Er ist auch das Spiegelbild des Gärtners.*

Prinz Charles

KLEINGÄRTEN WERDEN OFT für „typisch deutsch" gehalten. Doch das sind sie nicht. Kleingärten gibt es in ganz Europa. In den Niederlanden hat man sein Volkstuin, in Dänemark eine Kolonihaveområde, der Brite gärtnert in seinem Allotment, der Franzose in seinen Jardins familiaux, der Tscheche hat seinen Zahrádkářská osoda, der Schwede einen koloniträdgård, der Pole einen Rodzinne ogrody działkowe, der Finne eine Siirtolapuutarha, der Russe eine Datscha und der Spanier eine Huerta.

Die Organisation der europäischen Kleingärtner wurde 1926 in Luxemburg als „Office International du Coin de Terre et des Jardins Familiaux" gegründet. Ihm gehören die nationalen Verbände aus Belgien, Dänemark, Deutschland, Finnland, Frankreich, Großbritannien, Luxemburg, den Niederlanden, Norwegen, Österreich, Polen, der Slowakei, Schweden und der Schweiz an. Andere europäische Länder fehlen, was nicht automatisch heißt, dass es dort keine oder nur wenige Kleingärten gibt.

Mit über einer Million Kleingärten liegt Deutschland zwar europaweit an der Spitze, doch wenn man Gärten und Bevölkerungszahlen in Relation setzt, dann hat Osteuropa die Nase vorn. Polen etwa hat mit 960.000 fast genauso viele Kleingärten wie Deutschland, aber nicht einmal halb so viele Einwohner. Eine ähnlich große Verbreitung gibt es in Tschechien und der Slowakei. Noch höher ist sie in Russland. Großbritannien und Frankreich dagegen haben trotz ihrer starken historischen Verankerung im Kleingartenwesen mit 84.000 beziehungsweise 135.000 sehr viel weniger Gärten, dafür aber äußerst lange Wartelisten. Südeuropa allerdings ist in

*Ehepaar beim Zubereiten von Tomaten und Peperoni auf einer russischen Datscha*

Sachen Kleingarten immer noch Entwicklungsland. Wenn man hier einen Garten hat, dann in der Regel einen Hausgarten.

## Dänische kolonihaver: Wochenendhäuschen in der Stadt

Auch in Skandinavien spielt das Kleingartenwesen eine weniger große Rolle. Einigen Tausend Kleingärten – 26.000 in Schweden, 4700 in Finnland und 2000 in Norwegen – stehen Hunderttausende von Wochenend- und Ferienhäusern gegenüber. Diese Hütten befinden sich meist mitten in der Natur – oft bewusst einsam – auf offenen Grundstücken und haben in aller Regel keinen Garten. Der Grund hierfür liegt auf der Hand. Da diese Länder relativ dünn besiedelt sind, verfügen die meisten Gartenfreunde über einen Hausgarten. Bei den Aufenthalten in der Hütte stehen dann andere Naturerlebnisse im Vordergrund. Statt Radieschen zu pflanzen, ist angeln, Pilze suchen oder Beeren sammeln angesagt. Lediglich das dichter besiedelte Dänemark hat in Skandinavien eine relativ lange Kleingartentradition. Eine erste Kolonie wurde 1821 in Aabenraa gegründet, die ersten Arbeitergärten 1891 von der Organisation „Arbejdernes Vaern" (Arbeiter-Wehr) in Kopenhagen. Vor dem Ersten Weltkrieg gab es 6000 Gärten in Kopenhagen und etwa 14.000 weitere im Rest des Landes.

Heute gehören dem dänischen Verband etwa 410 Vereine mit 40.000 Gärten an. Dazu gibt es noch eine beträchtliche Zahl unorganisierter Kleingärten. Die durchschnittliche Größe der Gärten liegt bei etwa 350 Quadratmetern. Das Gartenland ist meist von den Kommunen gepachtet und die Anlagen sind gesetzlich geschützt. Die Pachtbedingungen sind jedoch weniger einheitlich als in Deutschland. So reicht die Spanne der Pachtpreise etwa von 10 Cent bis 2,50 Euro pro Quadratmeter und Jahr. Anders als in Deutschland wird die erlaubte Laubengröße durch die einzelnen Vereine geregelt und kann zwischen 10 und 70 Quadratmetern variieren. Die Lauben haben fast alle Strom und Trinkwasser, allerdings wie in Deutschland meist keinen Anschluss an die öffentliche Kanalisation, sodass die Bewohner sich mit Kompost- oder Chemietoiletten behelfen müssen. Die meisten Vereine erlauben, dass sie zwischen April und September bewohnt werden. Allerdings hat der Zentralverband ein Auge darauf, dass nicht zu aufwendig und zu teuer gebaut wird. Ferner legt er Maximalpreise für die Ablöse fest.

## Vom „Coin du terre" zu den „Jardins familiaux"

*Die Kleingartenbewegung wurde in Frankreich 1896 durch Abbé Lemire gegründet und hat sich während eines Jahrhunderts nicht weiterentwickelt.*

Hervé Bonnavaud, Präsident des französischen Kleingärtnerverbandes (2011)

Diese kritischen Worte des Verbandspräsidenten galten der Zeit bis kurz vor der Jahrtausendwende. Frankreich wurde von der allgemeinen europäischen „Kleingartenflaute" nach dem Zweiten Weltkrieg besonders hart getroffen. Während vor dem Krieg noch 80 Prozent der Bevölkerung auf dem Land wohnten, explodierten in den 1940er-Jahren die Städte. Der massenhafte Zuzug in die Metropolen ging auch noch mit einem Babyboom einher. Für Kleingärten war da in den Städten bald kein Platz mehr. Innerhalb von 30 Jahren verschwanden 90 Prozent aller Gärten. Die, die blieben oder als Ersatz gefunden wurden, machten dem alten französischen Namen „Coin du terre" (in etwa „Winkel-" oder „Eck-Landstücke") oft alle Ehre. Vielfach handelte es sich um schlechte Böden in unattraktiven Randlagen, die für keinen lukrativeren Zweck zu gebrauchen waren.

*Teurer und kleiner als in Deutschland: Schrebergärten im französischen Caen*

Erst in den 1970er-Jahren begannen Stadtplaner und kommunale Verwaltungen den Wert der Kleingärten wiederzuentdecken. Um die große Nachfrage zu befriedigen, wurden die noch bestehenden Gärten geteilt. Statt bislang 600 wurden nun 250 Quadratmeter zur Norm.

Inzwischen sind die Gärten noch kleiner geworden. 150 Quadratmeter gelten in vielen Städten schon als groß. Im Zentrum von Paris muss man oft schon mit 20 zufrieden sein. Trotzdem gibt es immer noch zu wenige Gärten, um die Nachfrage zu befriedigen, da die Bodenpreise in vielen Städten unerschwinglich sind. Der Kleingärtnerverband versucht deshalb inzwischen massiv, die Betreiber von Wohnanlagen dazu zu bewegen, das Grün um die Wohnblocks, das viel Unterhalt kostet und oft nur als Hundeauslaufplatz genutzt wird, in kleine Gärten zu verwandeln. Außerdem liegen in den großen Städten seit der Jahrtausendwende alternative „Community Gardens" im Trend.

Mit einer Jahrespacht von etwa 100 Euro für einen 100 bis 150 Quadratmeter großen Garten sind Kleingärten in Frankreich im Durchschnitt meist deutlich teurer als in Deutschland. Allerdings gibt es große regionale Unterschiede. Gärten in Paris können noch viel mehr kosten. In Calais dagegen sind 600 Quadratmeter schon für 15 Euro im Jahr zu haben. Allerdings, so Präsident Bonnavaud, hat man beim Verband die Erfahrung gemacht, dass gerade die billigen Gärten oft schlecht gepflegt werden und es Probleme mit der Einhaltung der Vorschriften gibt, während die Pächter der teuren Gärten sich auch besser darum kümmern.

NICHT NUR FÜR MÄNNER
Frankreichs Kleingärtnerverband hat sich in den letzten Jahren bemüht, verstärkt Frauen und Kinder in die Kleingärten zu holen, damit diese ihrem neuen Namen „Jardins familliaux" auch gerecht werden. Denn traditionell waren die Gärten oft Refugien der Männer, in denen sich diese mit Freunden trafen, um entspannt ein Glas Rotwein zu trinken und sich von der Familie zu erholen.

Generell sind die französischen Kleingärten viel mehr Nutzgärten als die deutschen. Das Übernachten in den Lauben ist überhaupt nicht gestattet. Diese sind mit Größen von unter zehn Quadratmetern oft nur ein besserer Regenschutz. Elektrizität und WCs gibt es nicht. Gerade im französischen Mittelstand gibt es jedoch eine große Nachfrage nach größeren Familiengärten mit Freizeitcharakter wie in Deutschland. Doch angesichts der Verhältnisse und seiner Statuten sieht der Verband sich nicht in der Lage, dem nachzukommen.

Dafür hat sich das negative Image der französischen Kleingärten gründlich gewandelt. Während sie früher oft als Schandflecken galten und die Hobbygärtner im Ruf standen, ein Vielfaches von der Pestizidmenge zu versprühen, die in der Landwirtschaft eingesetzt wurde, sind Kleingärten nun Vorreiter des Umweltschutzes. Eine Charta „Gärten und Umwelt" von 2008 verbietet den Gebrauch von Pestiziden und Herbiziden genauso wie Monokulturen. Stattdessen sollen Gründüngung und Bienenpflanzen eingesetzt, Regenwasser genutzt und Abfälle kompostiert werden. Außerdem sind die Vereine angehalten, Patenschaften mit Imkern zu schließen und Bienenstöcke in den Kolonien aufzustellen. Obstbäume, die früher in Arbeitergärten verboten waren, werden jetzt überall angepflanzt. Eine andere Patenschaft mit der Vogelliga soll die Gärten durch das Aufstellen von Nistkästen und Futterstellen noch vogelfreundlicher machen. Außerdem wird darauf hingearbeitet, Schulgartenparzellen einzurichten, Partnerschaften mit Altenheimen zu schließen und die Kolonien an Tagen der offenen Tür für die Bevölkerung zu öffnen, um die Gärten noch stärker in die Gesellschaft zu integrieren.

## Kleingärten und Datschas in Osteuropa

Im Gegensatz zu Westeuropa gab es in den Ländern des ehemaligen Ostblocks nie eine Kleingartenflaute. Da die kommunistische Planwirtschaft oft genug zu einer Mangelwirtschaft wurde, waren Gärten unentbehrlich für die Versorgung. In Polen etwa, wo die Verhängung des Kriegsrechtes zwischen 1981 und 1983 zu bedrohlichen Engpässen in der Lebensmittelversorgung führte, war zumindest die Versorgung mit Obst und Gemüse einigermaßen gesichert, da die meisten Familien entweder über einen Haus- oder Kleingarten verfügten. Und Sarajewo überstand seine lange Belagerung von April 1992 bis Februar 1996 in den Balkankriegen trotz Versorgung über eine Luftbrücke und durch einen Tunnel nur, weil Hilfsorganisationen auch 20 Tonnen Saatgut einschmuggelten. Mithilfe alter Bauern, die noch über die nötigen Kenntnisse verfügten, wurden Gärten in der Stadt angelegt, so dass man schließlich gut drei Viertel des Gemüses für die 700.000 Eingeschlossenen selbst anbaute.

Das größte Kleingärtnerland ist Russland. Denn im Gegensatz zum skandinavischen Wochenend- und Ferienhaus ist die russische Datscha eigentlich immer von einem Garten umgeben.

Nach der bolschewistischen Revolution im Jahr 1917 begann die einfache Stadtbevölkerung, auf ungenutztem Land vor den Stadttoren illegale Kleingartenkolonien anzulegen. Je schlechter die Planwirtschaft funktionierte, desto mehr wuchsen diese Kolonien, bis der Sowjetstaat sich in den 1950er-Jahren schließlich gezwungen sah, sie anzuerkennen. Die „Siedler" bekamen offizielle Pachtverträge und die Erlaubnis, das gepachtete Land gärtnerisch zu nutzen und mit einem Haus zu bebauen. Unter der Chruschtschow-Regierung Anfang der 1960er-Jahre war der Staat dann bemüht, jedem Zugang zu einem Datschagrundstück zu ermöglichen. Offiziell gehörte das Datschen-

*Eine Datscha mit moderner Architektur in Sestrorezk nahe St. Petersburg*

*Laubenpieperfest mit Musikkapelle in einer Kleingartenanlage in Berlin-Pankow im Sommer 1987*

land meist den Gewerkschaften, die es an ihre Mitglieder verpachteten. Da jeder Sowjetbürger Mitglied einer solchen Gewerkschaft war, hatten schließlich in der russischen, aber auch der ukrainischen Sowjetrepublik 70 bis 80 Prozent der Bevölkerung eine Datscha.[12] Der Rest benutzte die von Freunden mit.

Die Datschengrundstücke mit ihren Gärten, die meist 600 bis 800 Quadratmeter groß waren, erleichterten die Versorgung mit Lebensmitteln im Sowjetsystem enorm. Oft ging es gar nicht so sehr darum, Geld zu sparen, sondern Zeit, da das Einkaufen in der Stadt meist endloses Schlangestehen bedeutete. Wenn es das Gewünschte überhaupt gab. Die Sowjet-Landwirtschaft war nicht imstande, die Bevölkerung zu ernähren, und die Selbstversorgung über die Datschengrundstücke ersparte es dem Staat, Devisen für Nahrungsmittelimporte aufwenden zu müssen. Wer seine Datscha nicht gärtnerisch nutzte, riskierte deshalb sogar, sie zu verlieren.

Gerade in den Großstädten Moskau und Leningrad (St. Petersburg) waren die meisten Einwohner Besitzer einer Datscha, die mitunter allerdings in beträchtlicher Entfernung lag. Jeden Freitagabend kam es deshalb zum Exodus aus der Stadt. Da die wenigstens ein Auto hatten, waren Busse und Züge

[12] Datscha bedeutet wörtlich „das Gegebene" und umschrieb ursprünglich Landbesitz, den der Zar an treue Gefolgsleute vergab – unter der Bedingung, dass diese ihn urbar machten. Der Name ging dann vom Besitz auf die Sommerpaläste über, die sich die Adeligen auf diesem Land erbauen ließen. Im 19. Jahrhundert zog dann das Bürgertum der Städte nach. Wer es sich irgendwie leisten konnte, legte sich ebenfalls eine Datscha im Grünen zu. Frau und Kinder verbrachten dort oft den Sommer, während der Familienvater in der Stadt seiner Arbeit nachging und nur am Wochenende kam. Wer nicht das Geld für eine Datscha hatte, mietete sich im Sommer wenigstens in einer solchen als Datschnik ein Zimmer.

in die Datschengebiete völlig überfüllt. Noch enger ging es Sonntagabend auf dem Rückweg zu, wenn die Ernte heim in die Stadt transportiert werden musste. Dort galt es dann, Zentner von Kartoffeln, Kohlköpfen und Beeren in den kleinen Wohnungen zu verarbeiten und zu lagern. Oft musste die Garage dafür herhalten. Obst, vor allem Äpfel und Beeren, spielten teilweise eine größere Rolle als Gemüse, da sie weniger pflegeintensiv waren. Schließlich konnte kaum ein Gärtner unter der Woche zum Gießen kommen.

Doch die Datschas waren nicht nur Nutzgärten. Sie bedeuteten Platz, Privatsphäre und Freiheit von den alltäglichen Zwängen der Sowjetregierung, auch wenn sie oft nur aus einer primitiven – trotzdem in der Regel urgemütlichen – Hütte ohne Strom und fließend Wasser bestanden. Die Datscha wurde deshalb fester Bestandteil des russischen Lebensgefühls. Das hat sich auch seit dem Zusammenbruch des sozialistischen Systems wenig geändert. Die meisten Russen haben ihre Datscha behalten. Das Wochenendhaus mit Garten ist nach wie vor ein russischer Mythos und selbst unter jungen Leuten, die es finanziell eigentlich nicht nötig haben, ist es Kult, sich auf der Datscha zu treffen, die eigenen Beeren zu ernten und daraus traditionelles Warenje (Fruchtmus ohne Gelierzucker) zu kochen. Gerade weil sich das Leben in der Datscha kaum geändert hat, ist es von Nostalgie umwoben, wird als „Teil der russischen Seele" verklärt und als eine verlässliche Konstante in Zeiten der massiven Veränderung heiß und innig geliebt.

NOSTALGIE PUR

Datscha-Look ist in Russland auch in der Mode angesagt: Röcke und Kleider aus Leinen, bestickt, geblümt oder fein gestreift mit Rüschen und Volants in zarten Farben, gerne auch mit Jeans kombiniert, solange der Gesamteindruck verträumt und romantisch bleibt.

## Politik passt nicht ins Paradies: Kleingärten in der DDR

Ein Land der Kleingärtner war auch die DDR. Während in der Bundesrepublik Deutschland auf 60 Millionen Einwohner etwa 500.000 Kleingärten kamen, besaßen etwa 17 Millionen DDR-Bürger über 700.000 Parzellen, dazu kamen noch etwa 2,5 Millionen Datschen auf Grundstücken, die nicht als Kleingärten galten, aber es de facto doch oft waren. Man schätzt, dass ein Drittel von allem Obst und Gemüse in der Deutschen Demokratischen Republik aus diesen Kleingärten stammte.

Die Kleingärtner in der DDR waren im 1959 gegründeten Verband der Kleingärtner, Siedler und Kleintierzüchter organisiert. Isolde Dietrich, Autorin des Standardwerkes *Hammer, Zirkel, Gartenzaun* über das DDR-Kleingartenwesen, meint: „Es war eigentlich der Freizeit- und Vergnügungsverein der DDR, wo die Leute freiwillig hingingen ... und zur Not, wenn es sein musste, auch mal die Arbeit Arbeit sein ließen, also nicht umsonst waren ja die Laubenpieper auch als Arbeitsbummelanten verschrien." Die Gärtner einer Kolonie waren wie im Westen in einem Verein organi-

siert, der Sparte genannt wurde. Außerdem gab es viele Arbeitsgruppen für
Kinder wie etwa die „jungen Gärtner", die „jungen Imker" oder die „jungen Züchter". Das gesellige Leben innerhalb der Sparte spielte eine noch
viel größere Rolle als im Westen und es wurden auch mehr Feste gefeiert.
Gärtner in der ehemaligen DDR schwärmen oft heute noch von den engen
Kontakten und dem großen Zusammenhalt damals.

Für die DDR-Führung galten Kleingärten zunächst als ein Relikt aus alten
Zeiten, mit dessen baldigem Verschwinden man rechnete, wenn erst die sozialistische Planwirtschaft ihre Segnungen entfalten und den Westen in der
Produktion überflügeln würde. Kleingartenanlagen mussten deshalb nach
dem Krieg ähnlich wie im Westen vielfach ambitionierten Neubauprojekten
weichen. Da das geplante Wirtschaftswunder jedoch ausblieb, wurden die
Kleingärten schließlich in die sozialistische Planwirtschaft integriert und
gefördert. Auf den Verbandstagen wurden von Jahr zu Jahr Zielvorgaben
festgelegt, welche Mengen in den Kleingärten produziert werden sollten
und wie viel davon über staatliche Aufkaufstellen in den Handel gelangen
sollte. 1986 und 1987 waren dies zum Beispiel 13.000 Tonnen Gemüse.
Noch größer war der Beitrag der Kleintierzüchter, die am Ende jedes dritte Ei, fast das gesamte Kaninchenfleisch und allen Bienenhonig, der in der
DDR konsumiert wurde, erzeugten. Teilweise wurden den
Gärtnern und Züchtern so hohe Preise für ihre Produkte
gezahlt, dass es sich lohnte, möglichst viel zu verkaufen und
den eigenen Bedarf billiger im Geschäft zu decken. Durch
zahlreiche staatliche Wettbewerbe versuchte man vonseiten
der Behörden, einen zusätzlichen Anreiz zur Steigerung der
Leistung zu schaffen.

*Kisten mit Äpfeln,*
*Gurken, Tomaten und*
*Beeren aus einer*
*Kleingartenanlage bei*
*Neubrandenburg*

Weniger strenge Vorgaben als im Westen gab es dagegen im Osten, was die Lauben betraf.[13] Die durften so groß und komfortabel ausgebaut werden, wie es die Mittel erlaubten, und wurden oft auch als Ganzjahreswohnung genutzt.

*In der Gestaltung der Laube unterlagen die DDR-Bürger weniger Zwängen als ihre Verbandsgenossen im Westen.*

Nach der Wende ebbte die Begeisterung für den Kleingarten erst einmal etwas ab. Viele Menschen wollten im Sommer lieber die neu gewonnene Reisefreiheit genießen, als sich um den Garten kümmern zu müssen. Trotzdem ist die Anzahl der Kleingärten im Ostteil Deutschlands immer noch größer als im Westteil. Inzwischen gibt es auch hier, vor allem in den Städten, ein neues Interesse, insbesondere bei den jungen Familien.

......................................................

[13] Durch den Mauerbau in Berlin verloren viele Kleingärtner ihre Gärten, die sich auf einmal in der jeweils anderen Hälfte der Stadt befanden. Die 6000 Parzellen von Westberliner Bürgern in Ostberlin wurden von der DDR „in Verwaltung genommen", was bedeutete, dass die neuen Ostberliner Nutzer ein „Nutzungsentgelt" auf ein Sperrkonto einbezahlen mussten. In Spandau befanden sich zwei westliche Kolonien als Exklaven auf DDR-Gebiet. Die Pächter wurden nur zu bestimmten Zeiten über die Grenze in ihre Gärten gelassen. Zudem wurden in Ostberlin politisch als nicht zuverlässig eingestufte Pächter aus grenznahen Kolonien ausgewiesen.

# Japan: Gemüse statt Meditation

*„ „ Kleingärten können das Herz der Menschen und einer Region kultivieren. " "*

Aus der japanischen Allotment Garden Charter (2007)

Seit 2006 ist auch die Association for Japan Allotment Gardens mit dem europäischen Kleingartenverband assoziiert. Als extrem dicht besiedeltes Land kennt Japan kleine Gärten seit jeher. Nur hatten sie wenig mit dem europäischen Kleingarten zu tun. Der traditionelle japanische Garten ist ein Zier- und Meditationsgarten, dessen Gestaltung spirituell wirken soll. Die winzigsten Exemplare kann man sich in einer Kiste auf den Schreibtisch stellen. Doch neuerdings entdeckt auch Japan die private Nutzgärtnerei und damit den Kleingarten europäischen Zuschnitts. Die erste Kleingartenkolonie in Japan wurde schon 1924 in Kyoto eröffnet. Andere Städte folgten, doch im Zweiten Weltkrieg verschwanden die Gärten meist wieder. In den 1970er-Jahren kam es dann zu einem Arbeitskräftemangel in der japanischen Landwirtschaft und die Idee, Ackerland in Gemüsegärten für Stadtbewohner umzuwandeln, fand plötzlich neue Anhänger. Inzwischen gibt es gut 4000 Kleingärten in Japan. Sie sind wesentlich kleiner als in den meisten europäischen Ländern, in der Regel unter 100 Quadratmeter groß. Außerdem sind sie viel teurer und viel weiter von den Wohnungen entfernt als in Europa und meist reine Nutzgärten ohne Laube und entsprechenden Erholungswert. Sind Lauben gestattet, dann müssen innerhalb einer Gemeinde einheitliche Modelle aus Holz verwendet werden. Fast alle Gärten befinden sich auf Privatland, meist landwirtschaftlichen Flächen. Geleitet werden sie in der Regel nicht von einem Verein, sondern von dem Besitzer des Landes. Das führt dazu, dass die verschiedenen Kolonien sehr unterschiedlich sind und auch wenig vernetzt. Ein weiteres Problem sind die kurzen Pachtzeiten, die dazu führen, dass der Bodenverbesserung wenig Augenmerk geschenkt wird und sich auch wenige Aktivitäten unter den Pächtern einer Kolonie entwickeln. Yoshiharu Meguriya, Präsident der japanischen Kleingärtner, sieht es deshalb als eine Hauptaufgabe an, das Kleingartenwesen zu stabilisieren. „Wir wollen Kleingärten mit einer längeren Pachtzeitdauer für die Nutzer, damit Fruchtfolgen eingehalten, die Böden verbessert und praktische Lösungen für die Verwaltung der Anlagen und die Anbaumethoden besser ausgetauscht werden können", sagt er. Um dies zu erreichen, setzt die Association for Japan Allotment Gardens Koordinatoren ein, die zuvor von der Organisation geschult werden. 2007 wurde ein Zertifizierungssystem eingeführt, das bislang 38 Koordinatoren in neun Präfekturen eingesetzt hat. Außerdem macht es sich die Vereinigung zur Aufgabe, der Öffentlichkeit ein Bewusstsein für die ökologische Funktion von Gärten und städtischem Grün sowie gesunder, selbst angebauter Ernährung nahezubringen, etwa indem Pflanzenbaulehrgänge für Eltern und Jugendliche angeboten werden.

*Eine Ausnahme in Japan, dieser Garten auf dem Dach eines Hauses: Die meisten Gärten dienen nicht dem Anbau sondern vielmehr der Meditation.*

IM FOKUS

# Michelle Obamas Gemüsegarten am Weißen Haus

Eine Frau beschließt, einen Gemüsegarten anzulegen. Wenn diese Frau die First Lady der USA ist und sich der Gemüsegarten zudem am Regierungssitz befindet, dann kann eine solche Aktion hohe Wellen schlagen. Im April 2009 ließ Michelle Obama einen Teil des Rasens in den gepflegten Parkanlagen rund um das Weiße Haus mit Muttererde aufschütten und bepflanzte dann öffentlichkeitswirksam die Beete zusammen mit Schulkindern. Seitdem ist der „First Garden" extrem populär. Michelle Obama wird bei offiziellen Terminen häufig als Erstes nach dem Gedeihen ihres Gartens gefragt und das Internet ist voll mit Videoclips, die die First Lady entweder beim aktiven Gärtnern oder als sachkundige Führerin zwischen Ananassalbei und Süßkartoffeln zeigen.

Dabei ist die Idee gar nicht so revolutionär, wie sie auf den ersten Blick vielleicht anmutet. Bereits früher gab es schon Nutzgärten am Weißen Haus, zuletzt den Victory Garden von Eleanor Roosevelt während des Zweiten Weltkrieges. Und sowohl Bill Clinton als auch George W. Bush verlangten, dass in der Küche des Weißen Hauses nur Ökolebensmittel verarbeitet wurden. Mit dem neuen Garten wird in puncto Frische noch mal eins draufgesetzt. Die eigene Ernte landet teilweise auf den Tellern der Familie Obama, teilweise wird sie bei Staatsbanketts serviert und an eine nahe Suppenküche in Washington D.C. abgegeben, sodass Staatschefs und Obdachlose vom selben Gemüse essen.

Die Idee, einen Gemüsegarten anzulegen, habe schon länger in ihr gearbeitet, verrät Michelle Obama in einem Internet-Video des Weißen Hauses. „Wie jede viel beschäftigte Mutter dachte ich darüber nach, wie ich meine Familie mit einfachen Mitteln gesünder ernähren kann." Sie habe mehr Obst und Gemüse serviert, versucht, den Anteil von Zucker zu reduzieren, und sich bemüht, dass die Familie so oft wie möglich zum Essen gemeinsam beisammen sitzt. Der Anbau von eigenem Ökogemüse war da nur eine logische Konsequenz. Aber natürlich soll der Garten nicht nur Privatsache, sondern auch politische Botschaft sein. Eines der Hauptanliegen von Michelle Obama ist, die Gesundheit der Kinder in Amerika zu verbessern.

Deshalb werden regelmäßig Kinder zu Pflanz-, Pflege- und Ernteaktionen mit der First Lady geladen. Sie sollen auf diese Weise lernen, „Freundschaft mit Gemüse" zu schließen. Bei ihren Töchtern habe sie die Erfahrung gemacht, dass Kinder Gemüse essen, wenn man ihnen eine große und attraktive Auswahl biete. „Wir bauen an, was wir selbst mögen", erklärt sie. „Tonnen von Basilikum" zum Beispiel für Pesto, Knoblauch, Zutaten für die mexikanische Küche, Dutzende von Tomatensorten, alle erdenklichen Kräuter und viel frischen grünen Salat ... Die Lieblingsrezepte der Präsidentenfamilie sollen demnächst als Buch erscheinen.

Der Garten ist inzwischen auf gut 400 Quadratmeter Beetfläche ausgedehnt worden. Es sind Bienenstöcke hinzugekommen und traditionelle Anbaumethoden werden ausprobiert wie die indianische Art, die „drei Schwestern" Mais, Kürbis und Bohnen zusammen zu pflanzen. Und bei einem Staatsbesuch in Südafrika im Juni 2011 gärtnerte Michelle Obama mit den Kindern eines Community Center in der Township Soweto in Johannesburg. Gartenaktivisten in den USA, vor allem solche, die sich für Gemeinschaftsgärten engagieren, sind jedenfalls begeistert von dem Rückenwind, den sie aus dem Weißen Haus bekommen haben.

*First Lady Michelle Obama im Gemüsegarten des Weißen Hauses*

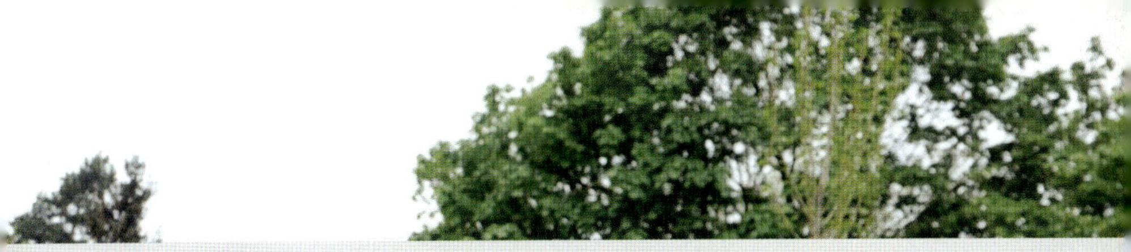

KAPITEL 4

Die grüne Wende

# Zwischen kommunaler Selbstversorgung, globaler Völkerverständigung und Umgestaltung der Städte

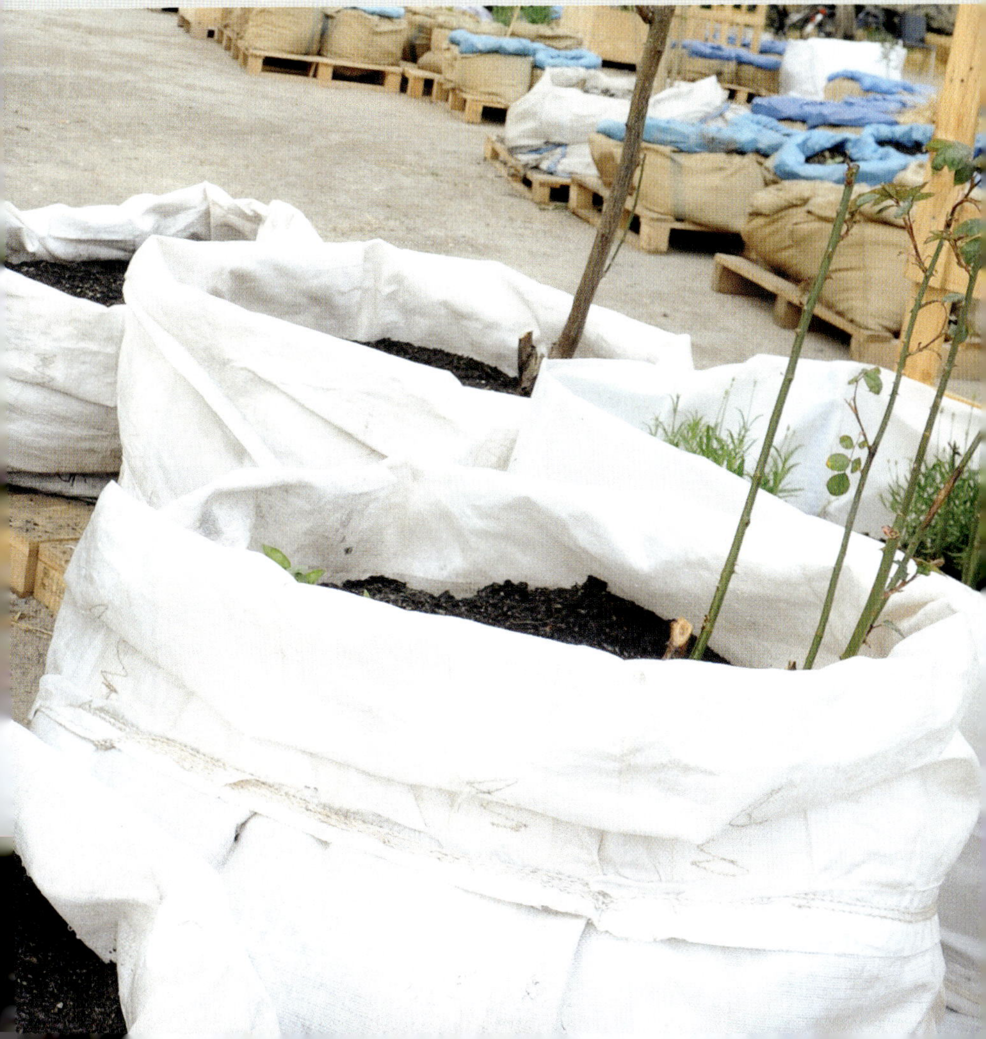

# Gurken in Manhattan, Radieschen in Buenos Aires

## Guerilla Farming und Community Gardens erobern die Städte

*Wer einen Baum pflanzt, wird den Himmel gewinnen.*
Konfuzius (551–479 v. Chr.)

MUSS KLEINGÄRTNERN im klassischen Verein stattfinden? Nein, meinen immer mehr Städter und gründen Community Gardens. Diese Gemeinschaftsgärten finden sich meist auf zentral gelegenen Brachflächen in den Städten und werden von Nachbarschaftsinitiativen gemeinsam bewirtschaftet. Manche teilen die Erträge, andere verschenken sie an Bedürftige, wieder

andere verkaufen sie, um damit soziale Projekte zu finanzieren, die mit dem Garten verbunden sind. Bei vielen dieser Projekte geht es vor allem um Begegnung, Stärkung der Nachbarschaft, Integration von Randgruppen und das Schaffen von Umweltbewusstsein. Und natürlich um Erholung und gemeinsamen Spaß. Das eigentliche Gärtnern ist dabei nur der nach außen sichtbare Geist von Gemeinschaft. Viele dieser Gemeinschaftsgärten stehen prinzipiell jedem offen, vor allem aber den Bewohnern des Stadtviertels. Der rechtliche Status ist sehr unterschiedlich. Es kann sich um illegale Besetzungen handeln, um gepachtete Privatgrundstücke, aber auch um öffentliches Gelände. Manche Gärten sind reine Nutzgärten, andere ähneln eher kleinen Parks, viele sind eine Mischung aus beiden. In den meisten wird gemeinschaftlich gegärtnert, in anderen hat jeder sein eigenes Beet. Die Initiatoren und Träger sind ebenso vielfältig wie ihre Gärten: Nachbarschaftsinitiativen, politische Gruppen, Kirchen, Schulen und Guerilla-Gärtner.

### Die Anfänge in New York

Pionierin auf diesem Gebiet war die New Yorker Künstlerin Liz Christy. 1973 gründete sie in der Lower Eastside, wo sie wohnte, die Bewegung der Green Guerillas. Sie versuchten, ihr Viertel zu verschönern, indem sie an den trostlosesten Stellen Samen und Pflanzen eingruben. Ein besonderer Dorn im Auge war ihnen ein verwahrlostes Grundstück an der Ecke von Bowery und Houston Street, das von den

*High Line Park, New York City, eine ehemalige Hochbahntrasse, die zu Park und öffentlicher Gartenfläche umgestaltet wurde*

*Ein Comunity Garden im Battery Park in Lower Manhattan in New York, umgeben von einem Bambuszaun*

Junkies zum Drogenkonsum und vom Rest der Anwohnerschaft als wilde Müllhalde genutzt wurde. Christy und ihre Mitstreiter schafften allen Unrat weg und begannen dort einen Garten anzulegen. Bereits einige Monate später gelang es, die Stadt davon zu überzeugen, ihnen die Fläche für eine symbolische Pacht von einem Dollar im Monat zu überlassen. Heute ist der Liz Christy Garden eine grüne Oase mit Schildkrötenteich, Wildblumenwiese, vielen Bäumen und Stauden, aber auch Gemüsebeeten und Obststräuchern. Er wird durch Spenden und freiwillige Arbeit unterhalten und steht an vier Tagen in der Woche der Allgemeinheit offen. Wer möchte, kann sich an einen der ehrenamtlichen Gärtner wenden und mithelfen. Wer eine bestimmte Anzahl von Stunden ableistet, bekommt Schlüssel und Stimmrecht.

In der Folge wurden in New York zahlreiche Community Gardens gegründet. Meistens besetzte eine Gruppe von Anwohnern ein brachliegendes Grundstück und begann einfach damit, es in einen Garten zu verwandeln. „Reclaim the Commons", lautete ihr Wahlspruch, „Fordert das Gemeindeland zurück!", wobei Commons noch treffender mit „Allmende" übersetzt werden kann, jenes Land innerhalb einer Kommune, das im Mittelalter allen Bürgern zur gemeinsamen Nutzung zur Verfügung stand.

Anfangs kam es bei diesen illegalen Besetzungen durchaus zu Konflikten mit der Polizei, aber die New Yorker Stadtverwaltung erkannte relativ schnell, dass diese Nachbarschaftsinitiativen gerade problematische Stadtviertel vor weiterer Verslumung bewahrten. Sie gründete deshalb die Organisation Green Thumb und versuchte über diese, möglichst viele Gärten zu legalisieren. Gärten, die mit Green Thumb zusammenarbeiten, erhalten einen Pachtvertrag und sogar Unterstützung in Form von Erde, Pflanzen und Know-how, müssen dafür ihre Gärten aber mindestens fünf Stunden pro Woche für jedermann öffnen.

*In Gemeinschaftsgärten steht Gemeinschaft an erster Stelle.*
American Community Gardening Association

Heute gibt es etwa 800 Gemeinschaftsgärten in New York, darunter 600 auf kommunalem Territorium. Über 500 kooperieren mit Green Thumb. Mitte der 1990er-Jahre war das erfolgreiche Konzept vorübergehend gefährdet. Die damalige Stadtregierung wollte vielen Gärten das Nutzungsrecht kündigen. Doch dank einer starken öffentlichen Unterstützung konnte eine große Zahl von Gärten davor bewahrt werden. So spendete etwa die Schauspielerin Bette Midler 1,2 Millionen Dollar, sammelte 3 weitere Millionen und konnte damit 114 Community Gärten vor der Versteigerung retten. Inzwischen ist das politische Klima in New York wieder „gartenfreundlicher".

Während am Anfang der Bewegung meist Initiativen der Mittelschicht standen, liegen die meisten Gärten heute in den ärmeren Stadtteilen. Viele arbeiten mit Suppenküchen, Essensverteilstationen und anderen Programmen gegen die Armut zusammen. In vielen gärtnern die Bedürftigen selbst. Dabei geht es in einer Stadt wie New York um konkrete Maßnahmen zur Bekämpfung von Hunger. Denn die

*1973 gründete Liz Christy zusammen mit einigen Nachbarn den ersten New Yorker Community Garden. Noch heute existiert der Liz Christy Garden an der Houston Street Ecke Bowery zum Gedenken an die früh verstorbene Initiatorin.*

unzureichende staatliche Wohlfahrt, so kritisieren soziale Organisationen, stelle Hilfsbedürftige vielfach vor die Wahl „Pay the rent or feed the kids" (Zahle die Miete oder ernähre die Kinder).

**VERGESSENE TRADITIONEN**
Im Miziwe Biik Aboriginal Community Vegetable and Wildflower Garden in Toronto werden Nutzpflanzen und Blumen angebaut, die bereits von der einheimischen Urbevölkerung kultiviert wurden, etwa Mais, Bohnen, Zucchini, Tabak und Sweet Grass. Der Garten ist einem Zentrum für arbeitslose Ureinwohner angeschlossen.

Das Beispiel von New York machte schnell Schule. Heute gehören der American Community Gardening Association rund 6000 Gärten an. Auch andere Kommunen haben den Wert solcher Gärten erkannt und gewähren umfangreiche Unterstützung, etwa in Detroit, einer Stadt, die nach dem Niedergang der Autoindustrie massiv mit Arbeitslosigkeit und den daraus resultierenden sozialen Problemen zu kämpfen hat. Am wichtigsten ist, dass die Städte die Flächen umsonst oder gegen wenig Geld zur Verfügung stellen. Daneben gibt es manchmal kleinere Beihilfen. Oder die Stadt betreibt wie in Toronto einen Mustergarten, bei dem sich die einzelnen Initiativen fachlichen Rat und Unterstützung holen und sich mit ökologisch gezogenem Pflanzgut eindecken können.

**Unsichere Existenz**

Die Bewegung der Community Gardens schwappte ebenfalls nach Australien und Europa über. Auch hier stand am Anfang oft die illegale Besetzung eines verwahrlosten Grundstücks. Etwa beim „Kinderbauernhof am Mauerplatz" in Berlin. Die 9000 Quadratmeter große Brache wurde 1981 von Aktivisten entmüllt. Eine Gruppe alleinerziehender Mütter richtete einen Kinderbauernhof ein – mit Tieren, Kartoffelacker, „Hexengarten" und „Biogarten". 20 Jahre lang war alles illegal, wurde aber geduldet. Dann endlich bekam das Projekt einen Pachtvertrag. Inzwischen haben auch in Deutschland immer mehr Stadtverwaltungen erkannt, dass Gärten Menschen verschiedenster Herkunft einander näherbringen und sich im Stadtbild allemal besser machen als vermüllte Brachen. Deshalb treffen Initiativen nun durchaus auf offene Ohren in der Verwaltung. Im Berliner Stadtteil Friedrichshain etwa setzten sich Anwohner und Bezirksverwaltung zwei Jahre lang zusammen und planten für drei Brachflächen, die in absehbarer Zeit nicht bebaut werden sollten, öffentliche Gärten als Zwischennutzung. In diesem Fall aber reine Erholungs-, keine Nutzgärten.

Community Gardens boomen vor allem dort, wo freie Flächen besonders rar sind und der eigene Garten ein unerreichbarer Traum ist. In München etwa, der am dichtesten besiedelten Großstadt Deutschlands, stehen 35.000 „regulären" Kleingärtnern bereits 15.000 Gemeinschaftsgärtner gegenüber. Auch im noch viel dichter besiedelten Paris werden „Jardins partagés", geteilte Gärten, als Alternativen zum eigenen Kleingarten gesehen. Auch in Europa sind Gemeinschaftsgärten meist bunte soziale Projekte, bei denen sich meist eine Fülle von Aktivitäten rund um den Garten entfaltet. Wie New York unterstützt auch Paris Gärten, die einen „Green Thumb Contract" unterzeichnen. Die Betreiber verpflichten sich, biologisch zu gärtnern und zumindest stundenweise die Gärten für jedermann zu öffnen. Dafür erhalten sie einen Pachtvertrag und auch Unterstützung bei der Bewirtschaftung. Allerdings bekommen die Gärten selten eine Bestandsgarantie. Oft laufen die Pachtverträge nur über ein Jahr. Besonders in Städten mit wenig Freiflächen und hohen Immobilienpreisen müssen so immer wieder Gartenprojekte, in die viel Herzblut investiert wurde, aufgegeben werden. Anderen gelingt

## DER PARK DER BÜRGER

In Sevilla entstand gleich ein ganzer Park als Bürgerprojekt, der Parque de Miraflores. Aus 100 Hektar verwahrloster Spekulationsgrundstücke wurde die größte Grünfläche der Stadt, in die unter anderem archäologische Funde integriert sind. Teil des Parks sind ökologisch bewirtschaftete Kleingartenparzellen (Huertas) von 75 bis 150 Quadratmetern Größe. Wer einen Garten haben will, muss im Gegenzug auch am Unterhalt der Gemeinschaftsanlagen mitarbeiten.

es, umzuziehen. Als etwa der Gemeinschaftsgarten Rosa Rose in Berlin-Friedrichshain im Sommer 2009 sein Gelände räumen musste, gruben die Betreiber einfach ihre Pflanzen aus, luden sie auf bunte Lastenfahrräder und andere Transportgefährte, verkleideten sich selbst und siedelten ihren Garten unter großer öffentlicher Anteilnahme auf Gastflächen um, wo die Pflanzen in Kübeln darauf warteten, dass ein neuer Standort gefunden wurde.

Für die Kommunen sind Gemeinschaftsgärten eine Chance, hässliche Brachen loszuwerden, ohne hierfür nennenswerte Summen investieren zu müssen. Was die meisten Gärten an öffentlicher Förderung bekommen, würde nicht einmal

*Nicht immer gelingt die Umsiedlung eines Gemeinschaftsgartens. Eine Ausnahme war die Rosa Rose in Berlin-Friedrichshain.*

*Community Gardens sind inzwischen auch in der Schweiz verbreitet – hier ein Garten in Bern.* für die Pflege der allereinfachsten und langweiligsten Grünanlagen reichen. Außerdem setzt man auf den vielfach erwiesenen integrativen Charakter solcher Projekte. Gerade in den USA wurden schon ganze Nachbarschaften durch solche Aktionen zum Positiven verändert.[14] Diese Projekte sind allerdings keine Selbstläufer. In vielen Gärten finden sich Menschen mit niedrigem Einkommen, aber gehobenem Bildungsstand zusammen, beispielsweise Studenten, Künstler, „Alternative" oder alleinerziehende Mütter. Projekte, die versuchten, besonders Jugendliche mit Migrationshintergrund anzusprechen, erlebten häufig eine Überraschung, denn vor allem die Mütter der Jugendlichen stürzten sich mit Feuereifer in den Gemüseanbau. In Toronto hatte man Schwierigkeiten, männliche afroamerikanische Jugendliche zu gewinnen, da diese es als extrem uncool empfanden, in der Erde zu wühlen, und sich teils schlichtweg weigerten, „Sklavenarbeit" zu leisten. Im nahen Detroit, wo Afroamerikaner die Bevölkerungsmehrheit stellen, werden dagegen die meisten Gärten von Schwarzen gemanagt.

**Auswege aus der Wirtschaftskrise**
Community Gardens sind jedoch kein Phänomen der westlichen Industriegesellschaften, sondern sie entstanden auch in Schwellen- und Entwicklungsländern, etwa in den großen Städten Südamerikas wie São Paulo, Quito, Montevideo oder Buenos Aires. In der argentinischen Hauptstadt gibt es rund 2650 Gemeinschaftsgärten (Huertas comunitarias). Die ältesten stammen schon aus den 1990er-Jahren, ihren eigentlichen Boom erlebten sie jedoch im Rahmen der schweren argentinischen Wirtschaftskrise im Jahr

[14] Die Broken-Windows-Theorie besagt, dass kleine Anzeichen von Verwahrlosung wie ein zerbrochenes Fenster, das lange nicht repariert wird, weitere Verwahrlosung und Zerstörung nach sich ziehen, weil suggeriert wird, dass dies ein Ort ist, den pfleglich zu behandeln sich nicht lohnt. Zahlreiche Experimente haben diese These untermauert. Ebenso hat sich gezeigt, dass selbst kleine gärtnerische Ansätze oft Vandalismus und Aggressivität eindämmen, weil sie signalisieren, dass sich hier jemand um Probleme kümmert. Viele Community-Gärten kommen völlig ohne Zäune aus und haben trotzdem keinerlei Probleme mit Diebstahl oder Vandalismus.

2001. Sie werden – ebenso wie etwa 63.000 Kleingärten – von einem Regierungsprogramm namens „Pro Huerta" (Für Nutzgärten) unterstützt, das sich die Verbesserung der Ernährungssituation auf die Fahne geschrieben hat. „Pro Huerta" greift den städtischen Gärtnern beispielsweise mit fachlichem Rat und Saatgut unter die Arme. Viele der Gemeinschaftsgärten werden von Nachbarschaftsinitiativen und gemeinnützigen Regierungsorganisationen getragen, die die Erträge den Bedürftigen zur Verfügung stellen. Andere verkaufen das Gemüse und stecken die Erlöse in neue andere Projekte. Auf diese Weise werden die Gemeinschaftsgärten auch in Südamerika zum Kristallisationspunkt zahlreicher sozialer Aktivitäten. Daneben gibt es Gärten, die von Arbeitsloseninitiativen selbst getragen werden. Als Reaktion auf die Krise von 2001 legte die argentinische Regierung nämlich ein Beschäftigungsprogramm auf, das allen arbeitslosen Familienvorständen, die täglich mindestens vier Stunden gemeinnützig arbeiteten, 150 Pesos (etwa 50 Euro) im Monat zahlt. Die Arbeit für Gemeinschaftsgärten wird als gemeinnützig anerkannt, sogar wenn die Gärten selbst illegal sind. Denn wie in Europa und Amerika wurden sie meist ohne Genehmigung auf zugemüllten Brachen angelegt. Die städtischen Behörden duldeten diese Aktionen in aller Regel, machten aber meist keine Anstalten, die Gärten durch Pachtverträge zu legalisieren. Ob die Böden, auf denen sie gärtnern, mit Umweltgiften belastet sind, wissen die Betreiber der Gemeinschaftsgärten größtenteils nicht. Obwohl viele davon ausgehen, dass beträchtliche Mengen Schadstoffe in der Erde sind, nehmen sie dies in Kauf. Um die Probleme in Grenzen zu halten, gärtnern sie selbst vorwiegend ökologisch.

*Die Leute, die draußen vorbeigehen, sehen die Pflanzen und die ganze Arbeit und können einfach nichts dagegen haben. Das Arbeiten mit der Erde verbindet.*
Valeria, Aktivistin im Nachbarschaftsgarten „Huerta Vecinal República Libre La Boca" in Buneos Aires

*Der Gemüsegarten der Piet N. Aphane Secondary School in Magatle, Südafrika*

# Karl Linn Community Garden in Berkeley

Die 28-jährige Henny Rosenthal, Tochter einer jüdischen Kaufmannsfamilie, war eine überzeugte Anhängerin der Lebensreformbewegung. 1913 kaufte sie von der Reformgesellschaft „Eigene Scholle" ein Stück Land in Dessow, 90 Kilometer südöstlich von Berlin. Sie gründete dort eine Obstgärtnerei, die sie „Immenhof" nannte, da sie zur Befruchtung der Bäume und Sträucher auch zahlreiche Bienenstöcke besaß. Ihre biologisch gezogenen Früchte verkaufte sie an gehobene Restaurants und andere anspruchsvolle Abnehmer in Berlin. Außerdem bildete sie in ihrem Betrieb jüdische Mädchen zu Gärtnerinnen aus und bot „Garten-Therapie" für psychisch Kranke an. Die Machtübernahme der Nazis machte dem ein Ende. Henny Linn, wie sie inzwischen hieß, wurde verboten, ihr Obst weiterhin zu verkaufen. Gezwungenermaßen veräußerte sie ihren Betrieb für ein Achtel seines Wertes und emigrierte mit ihrem Mann, drei Stiefkindern und Sohn Karl nach Israel. Dort gründete sie in der Nähe von Haifa eine neue Obstgärtnerei.

Karl Linn arbeitete im elterlichen Betrieb mit, machte dann eine Ausbildung zum Landschaftsarchitekten und erlebte in einem Kibbuz, wie in Gemeinschaftsarbeit wüste Flächen in grüne Paradiese verwandelt wurden. Doch so sehr er das Gärtnern liebte, so schwer konnte er den Anblick leer geplünderter Pflanzen nach der Ernte ertragen. Er fühlte sich belastet, nicht nur durch die Flucht vor den Nazis im Alter von 11 Jahren, sondern auch, weil er erleben musste, dass viele Israelis ihre arabischen Nachbarn ähnlich behandelten, wie er von den nichtjüdischen Deutschen behandelt worden war. Er wandte sich der Psychoanalyse zu, ging erst in die Schweiz und dann in die USA, wo er als Kindertherapeut und Landschaftsgärtner arbeitete. Eine seiner Maximen lautete, dass jeder Mensch, egal wie arm, ein Anrecht auf Schönheit habe, und Schönheit wurde für ihn vor allem durch schön gestaltete Parks und Gärten verkörpert.

Im Jahr 1959 wurde er Dozent an der Universität von Pennsylvania und erfand die „Neighborhood Commons". Gemeinsam mit seinen Studenten, den Einwohnern eines Stadtviertels, Künstlern, Architekten und Soziologen schuf er auf kleinen Brachflächen Parks, Spielplätze, Gärten und andere Treffpunkte, die die Menschen des Viertels zusammenbringen sollten. „Da gab es eine kleine Allee hinter einer Brache", erinnert sich Carl Anthony, Freund und Schüler von Karl Linn, an eine Aktion. „Es war direkt gegenüber von einem Frauengefängnis. Karl brachte die Nachbarn dazu, alte Teller mitzubringen, und veranstaltete diese unglaubliche Aktion, bei der die Teller zerschlagen wurden und die Scherben benutzt, die Allee zu pflastern. Sie machten das schönste Mosaik, das ich je gesehen habe." Karl Linn habe ihn gelehrt, einen inneren Zusammenhang der Dinge zu sehen und wie leicht Menschen mit wenig Mitteln ihre Umwelt zum Positiven verändern können,

meinte Anthony. In den 1980er-Jahren setzte Linn sich zwischenzeitlich für nukleare Abrüstung ein, um sich in den 1990er-Jahren in seiner neuen Heimat Kalifornien wieder den Neighborhood Commons zu widmen. Inzwischen hatte die Idee der Community Gardens um sich gegriffen und auch Karl Linn schuf vor allem Nutzgärten, da er feststellte, dass sie mehr Zuspruch erfuhren als andere Commons. Aber auch diese Gärten machte er wieder zu etwas ganz Besonderem. Im Karl Linn Community Garden etwa, der anlässlich seines 75. Geburtstags nach ihm benannt wurde, schuf ein russischstämmiger Künstler zusammen mit Freiwilligen eine kreisförmige, mit Mosaiken überzogene Bank im Stil von Antoni Gaudí.

*Linns Gartenhütte in Lehmbauweise im Northside Community Garden in Berkeley*

# Neue Wurzeln durch interkulturelle Gärten

Begegnungsstätten fremder Kulturen

*" Es geht in erster Linie nicht darum, Gemüse zu produzieren. Es geht um die Beziehungen von Mensch zu Mensch. "*

Tassew Shimeless, Internationale Gärten Göttingen

EINE BESONDERE SPIELART der Community Gardens sind die interkulturellen Gärten, die besonders in Deutschland eine immer bedeutendere Rolle spielen. Dort gärtnern Menschen verschiedenster Herkunft gemeinsam. Dies ist natürlich auch in herkömmlichen Kleingartenvereinen möglich. Doch das Angebot interkultureller Gärten richtet sich in erster Linie an Menschen, die noch nicht so weit integriert sind, dass sie einfach zum nächsten Kleingartenverein marschieren und dort einen Aufnahmeantrag stellen. Damit die Mischung stimmt, sind in den Projekten auch bereits gut integrierte Migranten und ihre deutschen Mitbürger willkommen, denen das Konzept gefällt und die sich dort engagieren wollen.

Der erste Garten entstand 1995 in Göttingen in einem Beratungszentrum für bosnische Flüchtlingsfrauen. „Am meisten vermissen wir eigentlich unsere Gärten", klagten die Frauen. Die Träger des Zentrums, evangelische Kirche und Caritas, kamen daraufhin zu der Überzeugung, da könne man Abhilfe schaffen. Sie pachteten eine Baulücke zwischen zwei Häusern und beauftragten Tassew Shimeless, einen Agraringenieur aus Äthiopien, mit der Leitung des Projekts. „Mir war von Anfang an wichtig, dass keine bosnischen Schrebergärten entstehen, wie es schon deutsche und türkische gibt", sagt dieser. Denn für Flüchtlinge sei es einfacher, aber auch wenig hilfreich, sich zurückzuziehen – etwa in den eigenen Garten – und so Konflikten auszuweichen. Das aber dürfe nicht noch von Institutionen gefördert werden, meint Shimeless. Also wurden die Gärten als Orte der Begegnung konzipiert: Jeder Gärtner bekam eine Parzelle – nicht geschenkt, sondern sie kostete eine kleine Pacht von damals 15 Mark im Jahr. Die Parzellen wurden nicht eingezäunt und statt einzelner Lauben wurde nur ein einziger Pavillon errichtet, sodass man

*Besonders Kinder finden in Kleingartenkolonien schnell Anschluss und lernen so gleich spielerisch, Verantwortung für ihre Pflanzen zu übernehmen.*

*Mutter und Tochter*
*beim gemeinsamen*
*Bepflanzen eines*
*Gemüsebeetes*

gemeinsam auf einem offenen Gelände gärtnert und sich dann zusammen im Pavillon trifft.

Trotz des eingangs vorangestellten Zitats von Tassew Shimeless spielt Gemüse eine wichtige Rolle im Konzept der internationalen Gärten. Denn bei der Arbeit im Garten an den Beeten können sich auch Menschen verwirklichen, denen es sehr schlecht geht, die sich fremd fühlen und die Sprache nicht verstehen. Selbst schwer traumatisierte Flüchtlinge finden oft auf diese Weise zu neuer Energie und Selbstachtung. Die Verbundenheit mit der eigenen Parzelle lässt oft erste Heimatgefühle entstehen, und das Bedürfnis, sich mit den anderen Gärtnern auszutauschen, fördert die Sprachkenntnisse. Andererseits ist der Anbau vertrauter Gemüsesorten ein probates Mittel gegen Heimweh. Gleichzeitig wird Neugier geweckt, statt syrischer Zucchini auch mal persische auszuprobieren oder arabischen und deutschen Schnittlauch zu vergleichen.

Das Gebot, ökologisch zu gärtnern, ist für die meisten Migranten eine Selbstverständlichkeit. Nichts anderes sind sie von zu Hause gewohnt und das eigene Beet beschert ihnen endlich wieder die Frische und Qualität von vertrauten Lebensmitteln, die sie bei deutscher Supermarktware oft vermissen. Meist werden die selbst gezogenen Schätze nicht gehortet. Viele der Beteiligten verschenken großzügig einen Teil ihrer Ernte, froh, endlich einmal nicht mehr nur Hilfsempfänger, sondern Gebender zu sein. Oder sie laden ihre Mitgärtner zu einem Festmahl nach heimischen Rezepten ein. „In unserer Kultur spielt das gemeinsame Essen eine wichtige Rolle", erklärt ein kurdischer Gärtner stolz. In den Gärten finde er die Gastlichkeit und Herzlichkeit, die er in der deutschen Alltagsgesellschaft oft vermisse. Rund um die Gärten entwickeln sich oft auch andere Aktivitäten, etwa Deutschkurse, Gesprächskreise oder gemeinsame Ausflüge. Für die Soziologin Christa Müller haben die internationalen Gärten die Funktion eines „Türöffners". Sie ermöglichen Migranten, vor allem auch Frauen, in die Beziehungsgeflechte ihrer Nachbarschaften integriert zu werden.

Inzwischen gibt es in Deutschland über 110 interkulturelle Gärten und mehr als 60 befinden sich im Aufbau. Die meisten sind ähnlich organisiert wie in Göttingen. In Braunschweig ist ein interkultureller Garten sogar in eine Kleingartenkolonie eingegliedert worden. Inmitten konventioneller Parzellen gärtnert eine Gruppe von Flüchtlingen auf einem offenen Gelände mit gemeinsamer Laube. In anderen Ländern finden interkulturelle Gärten meist innerhalb der Bewegung der Community Gardens statt.

Viele dieser Gemeinschaftsgärten haben per se den Anspruch, interkulturell zu sein, was nicht immer bedeutet, dass sich immer auch die erwünschte Mischung einstellt. In Großbritannien hält vor allem das Black Environment Network diesen interkulturellen Ansatz hoch. Es wurde gegründet, um Angehörige aller ethnischen Minderheiten – nicht nur Schwarze – verstärkt in die Umweltbewegung zu integrieren, und ist ebenso bemüht, das gärtnerische Potenzial möglichst vieler Kulturen zu erschließen, etwa indem Kinder einen Schulgarten anlegen, in dem Pflanzen aus allen Herkunftsländern der Beteiligten angepflanzt werden. „Wichtig ist, darauf zu achten, dass keine Gruppe dominiert", rät Tassew Shimeless. Am schwersten ist das oft im Hinblick auf die Frauen einzuhalten, denn während klassische Kleingärtnervereine oft noch überwiegend von Männern geleitet werden, sind in den interkulturellen Gärten, genauso wie in anderen neuartigen Gartenprojekten, Frauen meist absolut in der Überzahl.

*Impressionen des Zusammenlebens aus dem Interkulturellen Garten in Berlin-Lichtenberg*

# Vandalismus mit Sonnenblumen

Guerilla Gardening als Form der Selbstverteidigung des
modernen Stadtmenschen

*Lasst uns gegen den Schmutz mit Harken und Blumen zu Felde ziehen.*
*(Let's fight the filth with forks and flowers)*
  Richard Reynolds, britischer Guerilla-Garten-Pionier

ZUM GÄRTNERN BRAUCHT MAN jedoch nicht unbedingt einen Garten. Während die Gemeinschaftsgärten oft illegal beginnen, aber nach Bestandsgarantien streben, machen andere das Guerilla Gardening zur Lebensform und pflanzen, wann und wo sie wollen. Sie fallen bei Nacht und Nebel mit Spaten und Setzlingen über hässliche Brachen her und werfen Saatbomben. So militant das klingt: Die meisten Guerilleros sind nicht auf Konfrontation aus. Sie wollen ihre Umgebung verschönern und sind der festen Überzeugung, dass Sonnenblumen und Kräuterbüsche eine Bereicherung der Umwelt sind und jeden halbwegs offenherzigen Menschen erfreuen. Ein von ihnen bevorzugtes Betätigungsfeld sind die Seiten- und Mittelstreifen viel befahrener Straßen. Oder Baumscheiben von Stadtbäumen. Grüne Guerilleros verhindern, dass sie weiter als Hundeklos missbraucht werden, indem sie kleine Zäunchen darum ziehen und Blumen einsetzen. Sollten um hässliche Brachen hohe Zäune gezogen sein, dann kommen Saatbomben zum Einsatz, Kugeln aus Ton, Kompost und Blumensamen, die auf das Gelände geworfen werden und ganz ohne Pflege keimen und gedeihen.

**Urbane Gartenaktivisten**

Freilich ist es vielen Guerilleros zu wenig, nur ein paar nette Blümchen zu pflanzen. Es geht ihnen auch darum, sich künstlerisch zu verwirklichen, etwas Ungewöhnliches zu erschaffen oder eine Botschaft mit ihren Aktionen zu verbinden. Dann werden zum Beispiel Gärten an Orten gepflanzt, wo keiner sie erwartet. In San Francisco etwa haben Aktivisten einen kleinen Nachbarschaftsgarten mit Ringelblumen, Basilikum und Erdnüssen auf dem Mittelstreifen

*Bewaffnet mit Primeln und einer Handschaufel bepflanzt der Brite Richard Reynolds eine mit alten Zigarettenkippen und welkem Laub verunstaltete „Grünfläche". Der Londoner ist Sprachrohr und Gründer der „Guerilla-Gärtner" (www.guerrillagardening.org), die in den Metropolen spontan die Umwelt begrünen.*

*Medet Çakiroglu pflanzt 2011 in Hamburg auf einer Verkehrsinsel neue Blumen an.*

einer Hauptstraße errichtet. Und der britische Aktivist Richard Reynolds begann seine Karriere, indem er über Nacht einen Minigarten direkt vor dem Hochhaus anlegte, in dem er wohnte. Andere pinseln mit einer Mischung aus Moos und Buttermilch Botschaften an triste Wände, die sich binnen Kurzem grün vom grauen Beton abheben. Oder sie säen ihre Blumen in Form des Peace-Zeichens aus.

Die Aktionen der grünen Guerilleros müssen aber nicht zwangsläufig hässlichen Brachen gelten. Manche vergreifen sich auch an gepflegten, aber in ihren Augen langweiligen und damit ebenfalls hässlichen öffentlichen Grünflächen. Am 1. Mai 2000 etwa trafen sich in London mit Spaten „bewaffnete" Globalisierungskritiker und Umweltaktivisten, gruben eine Rasenfläche auf dem zentralen Parliament Square um und bepflanzten sie mit Blumen und Gemüse, um „die Straßen zurückzuerobern." Seltene Randerscheinungen des Guerilla Gardening sind bewusst destruktiv, etwa wenn ein Golfplatz durch das Einsetzen von Dornenbüschen unbrauchbar gemacht wird. Rechtlich gesehen ist aber jedes Pflanzen auf öffentlichen Flächen ohne Genehmigung in Deutschland eine Straftat und kann als Vandalismus verfolgt werden. In der Praxis dagegen haben die illegalen Gärtner meist wenig zu befürchten, wenn sie nicht gerade den Parliament Square oder ähnlich exponierte Flächen umgraben. Oft sehen es die Behörden – aufgrund mangelnder Budgets für die Grünflächenpflege – sogar mit gewissem

Wohlwollen, wenn sich aktive Bürger der vernachlässigten Flächen anneh-
men. Mancherorts können Anwohner – mit Einverständnis der Behörden –
Grünflächen in ihrer Nachbarschaft „in Pflege" nehmen. Anderswo werden
von öffentlicher Hand sogar Pflanzen und
Geräte zur Verfügung gestellt, wenn Freiwillige alle weiteren Aktivitäten übernehmen.
Doch nicht allen grünen Guerilleros geht es
um den öffentlichen Raum. Manche wollen
eigentlich nur ihren eigenen Gemüsegarten
haben. Sie legen ihre Beete an bewusst versteckten Stellen an, etwa auf großen, völlig
zugewachsenen Brachflächen. Unter Um-
ständen wird auch noch ein bisschen zusätz-
liches Dornengestrüpp gepflanzt, um den
Zugang zu erschweren. Dann wird einen
Sommer lang in aller Ruhe gegärtnert und im Herbst werden die heimlichen Ernteerfolge im Internet mit denen von
Gesinnungsgenossen verglichen.

**SAG ES MIT BLUMEN**
Im Jahr 2007 erklärten Guerilla-Gärtner
den 1. Mai zum Internationalen Sonnenblumen Guerilla-Garten Tag. Seitdem
pflanzen immer mehr Guerilleros am
1. Mai an den unmöglichsten Orten
Sonnenblumen und stellen dann die Fotos
erfolgreich aufgegangener Blumen ins
Internet.

*Vor Guerilla-Gärtnern ist
nichts sicher, selbst alte
Blechdosen lassen sich mit
etwas Grün aufhübschen.*

*Eine andere Welt ist pflanzbar!*
Slogan aus der Guerilla-Gardening-Szene

# Gärten mit Mehrwert

Kooperationen mit Kitas, Schulen und Altenheimen,
Tafelgärten, Therapiegärten

*Die Liebe zum Garten ist ein Samen, der, einmal gesäet, nie wieder
stirbt, sondern weiter und weiter wächst – eine bleibende und immer voller
strömende Quelle der Freude.*

Gertrude Jekyll in *Wood and Garden* (1899)

ES IST KEINESWEGS SO, dass nur die neuen
Community Gardens durch ihre vielfältigen
Aktivitäten einen Beitrag zur Lösung sozia-
ler Probleme leisten, während die klassischen
Kleingärtner hinter hohen Hecken leben und
sich mit sich und ihrem Verein beschäftigen.
Gerade in den letzten 15 Jahren hat sich hier
viel getan. Noch 1994 stellte der Hannove-
raner Landschaftsarchitekt Professor Wulf
Tessin fest, dass es erstaunlich sei, dass gesellschaftlich bei der Integration
Unterprivilegierter oder Einwanderer noch nicht auf das „sozialintegrative
‚Instrument' Garten" zurückgegriffen werde. „Keine Diskussion über die
Wiedereröffnung des Kleingartenwesens für unterprivilegierte Gruppen
(Arbeitslose, Ausländer, Frührentner usf.), keine Wiederauflage der Klein-
siedlungsprogramme (etwa für Aus- oder Umsiedler aus Osteuropa), keine
bzw. kaum Zurverfügungstellung von städtischen Brachflächen für Grabe-
land-Interessierte, stattdessen lieber Ausweisung als ‚Stadtbiotop'." 2010 dagegen bescheinigte Jürgen Sheldon, Vorsitzender der Bewertungskommission des Bundeswettbewerbs „Gärten im Städtebau" den Kleingärten „ein
enormes Potenzial zur Integration von Bürgern mit Migrationshintergrund
oder unterschiedlicher sozialer Milieus." Zwar könnten die Gärten nicht die
Ursachen von Arbeitslosigkeit, Bevölkerungsschwund und sozialer Desin-
tegration beseitigen, meinte er. Aber sie würden die Auswirkungen dieser
Entwicklungen mildern, indem sie Perspektiven öffnen, einen sinnstiftenden Ausgleich im Grünen schaffen und sich
als Sozialpartner positionieren.

*Die Blankenhainer
Tafel füllt den Speise-
teller für Bedürftige
zunehmend mit Obst
und Gemüse aus eigenem
Anbau.*

Die Integrationsbemühungen geschehen gewöhnlicherwei-
se auf zwei Wegen: Entweder indem sich die Vereine darum
bemühen, neue Mitglieder zu gewinnen, die sonst nicht in
die Kolonien finden würden, etwa indem Migranten gezielt

angesprochen und ärmeren Menschen die Abschlagszahlungen erleichtert werden; oder man versucht bei jungen Leuten die vielfach noch vorhandenen Vorbehalte gegen das Kleingärtnerwesen auszuräumen. Der andere Weg sind Kooperationen.

### Abgeben vom Überfluss: die Tafelgärten

Eine der populärsten sozialen Bewegungen sind Lebensmittel-Tafeln, die gespendete Nahrungsmittel an Bedürftige verteilen. Allein in Deutschland sind hier mehr als 32.000 Helfer ehrenamtlich engagiert. Entsprechend erleben auch Tafelgärten einen Aufschwung. Die Art und Weise, wie Kleingärtner die Tafeln unterstützen, ist vielfältig. Die einfachste und direkteste Möglichkeit ist, Ernteüberschüsse abzugeben, die dann von den Tafeln mit den anderen Lebensmitteln verteilt werden. Teilweise überlassen Kleingartenvereine den Tafeln aber auch leer stehende Parzellen. In Magdeburg etwa wurden Maßnahmeträger zur Qualifizierung Erwerbsloser mit ins Boot geholt. Diese schulten Langzeitarbeitslose 90 Stunden lang in Garten- und Landschaftsbau. Die Kleingärten stellten Parzellen, in denen die Kenntnisse praktisch erprobt werden konnten, und die Ernte ging dann an die Tafeln. Auch in Thüringen stellten Kleingartenvereine den örtlichen Jobcentern ungenutzte oder schwer vermittelbare Gärten zur Verfügung, wo dann Ein-Euro-Jobber frisches Gemüse in bester Bioqualität für die örtlichen Tafeln erzeugten. Teilweise greifen die Vereine den Projekten auch noch mit kostenlosem Strom, Wasser und sogar Saatgut unter die Arme. Im Gegenzug müssen sie sich nicht mehr mit dem Anblick verwilderter Parzellen in ihrer Kolonie herumärgern. Dabei arbeiten Vereine und Jobcenter eng zusammen, um unter den Arbeitslosen Kandidaten zu finden, die Talent und Freude für den Gartenjob mitbringen. Dennoch sind diese Kooperationen immer auch von der Vergabe öffentlicher Mittel abhängig, sodass teilweise mehr Gärten angeboten werden, als Gärtner bezahlt werden können.

*Bedürftige erhalten an der mobilen Ausgabestelle für Lebensmittel der Magdeburger Tafel frisches Obst und Gemüse.*

Anderswo stellen Kleingartenvereine deshalb interessierten „Kunden" der örtlichen Tafeln ein Jahr lang kostenlos eine Parzelle für den Eigenanbau zur Verfügung. In Hildesheim entschlossen sich beispielsweise von 18 „Tafelgärtnern" 17, ihre Parzellen im darauffolgenden Jahr regulär zu pachten und trotz – oder gerade wegen – prekärer Einkommensverhältnisse unter die Kleingärtner zu gehen. In vielen Fällen entstanden durch die Kooperation mit den Tafeln sogar so herzliche Beziehungen, dass ehrenamtliche Helfer und Kunden der Tafeln von den Vereinen zu ihren Festen und Aktivitäten eingeladen wurden oder zusammen spezielle Aktionen wie Koch- und Backkurse oder Umwelttage für „Tafelkinder" veranstaltet wurden.

*Gerade in der kalten Jahreszeit sind bedürftige Menschen auf die Lebensmittelgaben der Tafeln angewiesen.*

### Treffpunkt von Jung und Alt

Auch Kooperationen von Kleingartenanlagen mit Schulen und Kitas gibt es. Etwa indem ein Teil der Fläche für einen Schulgarten zur Verfügung gestellt wird. In anderen Fällen finden umweltpädagogische Führungen und Workshops in den Gärten statt. Da immer mehr Vereine Biotope, Bienenstöcke, Lehrpfade oder „Insektenhotels" haben, können dort Kinder über das Gärtnern hinaus etwas lernen. Oft stellen die Vereine nicht nur die Anschauungsobjekte, sondern sogar sachkundige Referenten zu Themen wie Vogelschutz, Gewässerkunde oder Imkern. In einem Merseburger Kleingarten wurde beispielsweise eine leer stehende Parzelle in einen Kinder-Erlebnis-Garten umgewandelt, um noch attraktivere Angebote für Kindergruppen, gerade auch aus benachteiligten Familien, zu ermöglichen. In Lübeck ist der Kleingartenverband seit 2005 mit seinem Kartoffelprojekt erfolgreich. Hier stellen die Vereine Beete bereit, in denen die Kinder von zwei bis drei Grundschulklassen Gemüse ansäen und in den darauffolgenden Wochen bei der gemeinsamen Pflege und dem Gärtnern viel praktisches und theoretisches Wissen über die Kreisläufe der Natur vermittelt bekommen. Besonders gut kommt an, dass im Kartoffelbeet jedes Kind eine eigene Knolle mit seinem Namensschild pflanzen kann. Im Herbst wird die

*Die Schülerinnen Nesrin und Eva-Maria drehen im Schulgarten die Weinpresse. In der Berliner Carl-Legien-Oberschule wird seit 37 Jahren Wein angebaut.*

Ernte dann mit einem gemeinsamen Kartoffelfest gefeiert. In Suhl pflegen Kleingärtner eine enge Kooperation mit einem benachbarten Schulzentrum für geistig behinderte Kinder. Die Kinder helfen nach ihren Möglichkeiten immer wieder bei Arbeiten in den Gärten, dafür werden sie von den Gärtnern bei der Pflege ihres Schulgartens unterstützt. Außerdem lädt man sich gegenseitig zu Festen ein.

Andere Vereine arbeiten mit benachbarten Seniorenheimen zusammen. Die Bewohner der Heime werden zu Festen eingeladen und die Wege so gestaltet, dass die alten Menschen auch mit Rollstuhl und Rollator bequem in die Kolonien gelangen, wo immer es etwas Interessantes zu sehen gibt. Im Rahmen dieser Kooperationen werden oft auf einzelnen Parzellen rollstuhlgerechte Seniorengärten mit breiten Wegen und Hochbeeten angelegt. In Mönchengladbach pachtete ein Altenheim sogar eine Parzelle, um dort regelmäßig mit dementen Bewohnern zu gärtnern. Ein positiver Nebeneffekt: Die Maßnahmen, die die Kleingartenanlage seniorengerechter machen, steigern in der Regel auch ihre Attraktivität für Familien mit Kinderwägen.

In Sinzheim hat sich ein Altenheim sogar bewusst dafür entschieden, aus seinen Grünanlagen mithilfe des Kleingärtnerverbandes einen offenen „Park der Generationen" zu machen und so der Vereinsamung der Bewohner entgegenzuwirken. Auch hier gibt es einen Demenzgarten und seniorengerechte Hochbeete, aber auch Spielflächen für Kinder, einen Streichelzoo, eine Freilichtbühne, einen Grillplatz und einen Bewegungsparcours.

### Heilsames Grün

„ *Der Garten ist der letzte Luxus unserer Tage, denn er fordert das, was in unserer Gesellschaft am seltensten und kostbarsten geworden ist: Zeit, Zuwendung und Raum.* "

Dieter Kienast, Schweizer Landschaftsarchitekt, 1990

Gärten sind Balsam für die Seele. Dies bestätigt sich in vielfältigster Weise. In Demenzgärten, in der Gartenarbeit mit traumatisierten Flüchtlingen, in der Art und Weise, wie Gartenprojekte problematische Wohnquartiere zum Besseren verändern können. Das viele Grün und die bunten Blumen wirken beruhigend und stimmungsaufhellend. Deshalb gehen immer mehr Einrichtungen, die mit kranken Menschen arbeiten, dazu über, Therapiegärten anzulegen. In diesem Rahmen werden auch die Kooperationen mit benachbarten Kleingartenanlagen immer vielfältiger. Ein Verein in Remscheid etwa hat eine Parzelle an das sozialpsychologische Zentrum verpachtet, das dort Gartenarbeit als Therapie anbietet. Die psychisch Erkrankten lernen durch die Beschäftigung mit dem Garten, wieder gemeinsam mit anderen zu arbeiten, sich zu konzentrieren, etwas zu planen, durchzuhalten und Verantwortung zu übernehmen. Die Ernte und die blühenden Blumen bedeuten sicht- und greifbare Erfolgserlebnisse. Vor allem aber kommen die Patienten wieder mit gesunden Menschen zusammen und können Kontaktängste abbauen. In anderen Städten und Gemeinden bezieht man Menschen mit körperlichen oder geistigen Behinderungen in das Vereinsleben ein und legt spezielle Gärten für sie an. Oder man öffnet sich für die Patienten eines benachbarten Krankenhauses, die so für kurze Zeit auf einer Bank im Grünen ihr Kranksein und das Krankenzimmer hinter sich lassen können.

*Ein Garten ist die Kooperation zwischen dem Gärtner, dem Boden und den Pflanzen. In einem Garten wirst du demütig. Du bist nicht der Meister des Gartens, niemand redet jemals davon, einen Garten zu meistern. Man redet über das Kultivieren eines Gartens.*
Vandana Shiva, Trägerin des alternativen Nobelpreises

In vielen Ländern hat man auch schon mit Gefängnisgärten gute Erfahrungen gemacht. Die Häftlinge mochten die abwechslungsreiche Arbeit an der frischen Luft und waren oft deutlich weniger aggressiv. Die Insassen des Londoner Leyhill-Gefängnisses gewannen 1991 sogar auf der renommierten Chelsea Flower Show eine Silbermedaille und wurden dafür von der Königin persönlich beglückwünscht. Der berühmteste gärtnernde Gefangene aber ist wohl Nelson Mandela. Während seiner Haft auf Robben Island trotzte er dem harten Boden des Gefängnishofes ein kleines Beet ab, das er mit pulverisierten Knochen von seinen Mahlzeiten düngte. Auf diese Weise gelang es ihm, dort Paprika, Tomaten, Salat und Melonen zu ziehen, die er mit Mitgefangenen und Aufsehern teilte. Außerdem lockte das Beet kleine Tiere an, die zu beobachten ebenfalls Abwechslung in seinen tristen Gefängnisalltag brachte. 1982 wurde er in eine andere Haftanstalt verlegt, wo ein gartenbegeisterter Leiter seine Aktivitäten unterstützte. Später glich sein Garten fast „einer kleinen Farm" mit fast 900 Pflanzen. „Ein Garten war im Gefängnis eines der wenigen Dinge, über die man selbst bestimmen konnte", berichtete er später. „Das Gefühl, der Verwalter dieses kleinen Stückchens Erde zu sein, beinhaltet einen Hauch von Freiheit."

# Die Prinzessinnengärten in Berlin

Gemüsepflanzen in Bäckerkisten, Kartoffeln, die in Reissäcken wachsen, und Pflanzregale aus blau-weißen Milchtüten: Die Prinzessinengärten sind ein Gemeinschaftsgarten der besonderen Art. Den Wunsch, einen Community Garden anzulegen, brachte Gründer Robert Shaw aus Kuba mit – ebenso wie die Idee, in transportablen Gefäßen zu gärtnern. Damit werden gleich drei Fliegen mit einer Klappe geschlagen: Zum einen musste man sich nicht um die Bodenqualität der Fläche am Moritzplatz kümmern, die 60 Jahre lang brach gelegen hatte und als Müllhalde zweckentfremdet worden war. Zum zweiten war der Garten schneller aufgebaut, als wenn feste Beete angelegt hätten werden müssen. Zum dritten ist man mobil und kann relativ leicht umziehen, wenn der jeweils nur ein Jahr lang laufende Pachtvertrag mit dem öffentlichen Liegenschaftsfonds nicht verlängert werden sollte.

Natürlich hofft man, dass das erfolgreiche Projekt erhalten bleibt, aber „wenn die Nachbarschaft hier entscheidet, dass sie die Fläche anders nutzen möchte, dann räumen wir gerne", sagt Robert Shaw. Aber natürlich nicht für ein Investorenprojekt oder eine städtische Maßnahme, die an der Anwohnerschaft vorbeigeht. Shaw und sein Compagnon Marco Clausen wollten vor allem einen Ort der Begegnung und des gemeinsamen Lernens und Ausprobierens schaffen. Shaw glaubt, dass die Prinzessinengärten deshalb besonders populär wurden, weil das Angebot so offen ist und es so viele Arten gibt, „anzudocken". Wer will, kann mitgärtnern. Regelmäßig, oder auch „nur einmal im Jahr." Wer nicht gärtnern will, kann sich auf viele andere Arten einbringen. Wer mit einem Vorschlag Marke „Man könnte doch …" ankommt, bekommt schnell die Antwort „Dann mach es!"

Bis zu einem gewissen Punkt ist es Shaw und Clausen egal, was mit dem Garten passiert. Sie versichern, keinen festen Plan zu haben. Wichtig sei, dass sich hier Leute treffen und Ideen entwickeln können. Die Gärten liegen mitten in Kreuzberg, in einem Viertel, das sonst wenig Grün hat und als nicht unproblematisch gilt. Die Gärten bringen eine große Menge von Menschen zusammen, darunter auch solche, die kaum Zugang zu

*Die Prinzessinnengärten am Moritzplatz in Berlin-Kreuzberg*

anderen Initiativen und Gruppen finden würden. Nach zwei Jahren des Bestehens gibt es neben Hunderten von Beeten bereits ein Gartencafé und eine Küche, in der ein Teil des angebauten Gemüses verarbeitet wird und in der auch mit Schulkindern gekocht werden kann. Es gibt diverse Möglichkeiten, Workshops rund um das Gärtnern, Verwerten, Imkern, Kompostieren, Recyclen und Naturschutz im Allgemeinen durchzuführen. Als nächstes Projekt ist eine offene Werkstatt für jedermann geplant.

Shaw meint: „Wer das Gemüse letztendlich mit nach Hause nimmt, ist eigentlich egal." Wichtiger seien die Kisten mit ökologisch erzeugten Tomaten, Salat und Bohnen, um natürliche Kreisläufe, die

Bedeutung gesunden Gärtnerns, Umwelt- und Artenschutz usw. konkret zu erfahren. Trotzdem ist es Prinzip, dass die Ernte nicht verschenkt wird. Was nicht in der Gartenküche verkocht wird, kann von den Helfern zum Vorzugspreis „unter Aldi-Niveau" erworben werden. Passive Besucher zahlen mehr. Um die Gärten zu betreiben, haben Shaw und Clausen eine gemeinnützige Organisation namens Nomadisch Grün gegründet, die inzwischen neun Mitarbeiter hat und auch Beratungen für Dritte macht. Davon und durch die Erlöse des Cafés wird das Projekt auch im Wesentlichen getragen. Deshalb sind in den Prinzessinnengärten auch Besucher willkommen, die einfach nur einen Kaffee trinken und das Grün genießen wollen.

# Willkommene Abwechslung vom Supermarkt für die einen, Lebensnotwendigkeit für die anderen

## Urbane Landwirtschaft als weltweites Erfolgsrezept

*" Wer vergisst, wie man die Erde beackert und das Feld bestellt, vergisst sich selbst. "*

Mahatma Gandhi (1869–1948)

NICHT ALLE NEUEN FORMEN des Gärtnerns sind zwangsläufig mit sozialen Aktivitäten verknüpft. Bei einigen steht ganz klar das Gemüse im Mittelpunkt. Urbanes Gärtnern beziehungsweise urbane Landwirtschaft werden derzeit als Ernährungsalternative entdeckt.

Hierzulande sind Selbsternte- oder Saisongärten der neue Trend. Teilweise spricht man auch von Grabeland oder im Süden von Krautgärten. Dabei handelt es sich in der Regel nicht um schmucke Gärten, sondern um nüchterne Parzellen auf einem städtischen oder stadtnahen Acker. In vielen Fällen bestellt der Landwirt, dem das Feld gehört, den Boden im Frühjahr mit professionellem Gerät und bepflanzt die Parzellen mit verschiedenen Gemüse- und robusten Kräutersorten. Dann verpachtet er die Parzellen. Ab nun ist der Pächter für die Pflege seines Gemüses verantwortlich, das heißt also gießen und Unkraut jäten. Viele Initiatoren von Selbsterntegärten sind jedoch zu festgelegten Zeiten vor Ort, um den oft unerfahrenen Städtern mit Rat und Tat zur Seite zu stehen. Der Pachtvertrag endet im Herbst mit der Ernte der letzten Früchte.

*Auf dem „Sonnenhof" bietet ein Bauer Saisongärten an, in denen Interessierte ihr eigenes Gemüse heranziehen können.*

### Die Rückkehr der Krautgärten

Die bepflanzten Parzellen sind meist zwischen 40 und 100 Quadratmeter groß und kosten je nach Größe und Serviceumfang etwa 50 bis 400 Euro. Gedeiht das Gemüse gut, dann ist die Ernte oft das Dreifache wert – gemessen am Preis im Bioladen, denn fast alle Projekte gärtnern konsequent ökologisch. Schließlich sind die Kunden vor allem je-

ne Menschen, die sich nach endlosen Lebensmittelskandalen gesund ernähren wollen, aber die Preise im Bioladen zu teuer finden. Das Ganze boomt derart, dass mit Tegut sogar schon eine Supermarktkette Saisongärten in ihrem Verbreitungsgebiet anbietet.

Die professionelle Feldbestellung durch den Landwirt und der Verzicht auf jegliche Ziergartenelemente machen das Gärtnern auch für Laien relativ einfach und halten den Pflegeaufwand gering. Er wird – ohne Anfahrtszeiten – mit zwei bis drei Stunden pro Woche veranschlagt. Dafür bekommt man nur ein Stück Gemüseacker ohne Blumen und Erholungsfunktion. Da aber die einzelnen Parzellen dicht nebeneinander liegen und nicht eingezäunt sind, kommt das Soziale trotzdem nicht zu kurz. Bei der gemeinsamen Arbeit auf dem Acker ist es leicht, ins Gespräch zu kommen und Kontakte zu knüpfen. Zur Erholung muss dann eben der mitgebrachte Liegestuhl oder ein Picknick am Feldrand reichen.

Ein anderer „Nachteil" ist, dass man sich mit dem zufriedengeben muss, was die Organisatoren anpflanzen. Was das ist, das variiert von Projekt zu Projekt. Es können 20 Sorten sein, aber auch mehr als das Doppelte. Manche Landwirte lassen einen Teil der Reihen frei, damit die Pächter noch eigene Lieblingsgemüse unterbringen können. Teilweise wird im Sommer nach der ersten Ernte auch noch mal Spätgemüse nachgepflanzt. Alternativ gibt es auch Projekte, wo der Boden zwar bestellt wird, aber das Pflanzen gänzlich in der Hand der Pächter liegt. Den eigenen Vorlieben sind dann keine Grenzen gesetzt und die Kosten reduzieren sich auf weniger als die Hälfte, aber dafür sind Aufwand und gärtnerisches Risiko höher.

Die Idee stammt aus Österreich. Vor allem in Wien sind seit 2004 zahlreiche Krautgärten entstanden, auch deshalb, weil es dort viel zu wenige Kleingärten gibt. Krautgärten haben sich als Alternative etabliert, weil sie leichter anzulegen sind und auf der gleichen Fläche etwa fünfmal so viele Menschen gärtnern können. Sie sprechen jedoch auch Menschen an, denen eine Kleingartenparzelle schlichtweg zu viel wäre, weil sie gar nicht so viel von ihrer Freizeit im Garten – sei es, zum Arbeiten, sei es, zum Erholen – verbringen wollen. In München, wo Grund ebenfalls teuer und Kleingärten rar sind, ließ die Stadt zahlreiche Krautgärten auf ihren Stadtgütern errichten. Allerdings musste man feststellen, dass Krautgärtner aufs Geld schauen. In „Gutverdiener"-Stadtteilen, wo Bioladen-Preise kein Problem sind, mussten Gärten wieder schließen, weil das Interesse zu gering war, in anderen Stadtteilen mussten die Preise gesenkt werden. Aber auch im Münchner Umland, wo

LOCAVORES
Vegan war gestern. Der neue Speisetrend sind Locavores, die nur lokal erzeugte Lebensmittel zu sich nehmen. Meist wird ein Radius von 100 Meilen (160 Kilometern) akzeptiert, manche sind aber auch strenger. Unterschiedlich ist auch, ob man Ausnahmen für Dinge wie Kaffeebohnen macht, die in unseren Breiten einfach nicht wachsen, oder ob man auch diese vom Speiseplan streicht.

Hausgärten keine Mangelware sind, haben sich zahlreiche Krautgärten etabliert.

**Fischfarmer in der Stadt**

Die urbane Landwirtschaft treibt jedoch längst noch ganz andere Blüten. Findige Köpfe tüfteln an immer ausgefalleneren Lösungen, zukunftsfähige Formen der Nahrungsmittelerzeugung in der Stadt zu finden. Die Schwelle zwischen der Idee für den Privatgärtner und einem kommerziellen Projekt ist dabei fließend, wobei auch die kommerziellen Projekte eher kleinformatig sind, da sich in der Stadt nun mal kein Platz für Agrarfabriken findet. Eines dieser Experimente sind beispielsweise Rooftop Farms, Gemüsegärten auf den Flachdächern städtischer Hochhäuser oder Parkhäuser. Zwar ist es äußerst mühsam, alles Nötige, vor allem die Erde, hochzuschaffen, dafür erschließt sich dort Flächen von beträchtlicher Größe. Auch die Aussicht ist meist großartig. Bei der New Yorker Organisation „Get Dirty NYC!" können sich sogar Touristen melden und einen Teil ihres Urlaubs in „The Big Apple" damit verbringen, mit Blick auf die Skyline von Manhattan Unkraut zu jäten.

*Die Saisongärten auf dem Hofgut Oberfeld am Stadtrand von Darmstadt*

Aus der Schweiz stammt die Idee der Aquaponics. Dies sind Gewächshäuser, in denen sowohl Gemüsepflanzen wie Fische gezüchtet werden. Dabei werden die Pflanzen mit dem Wasser aus den Fischbassins gegossen und gleichzeitig gedüngt. Das überschüssige, in den Beeten geklärte Wasser fließt zurück in die Fischbecken. Der geeignete Fisch für diese Art von Experiment ist der Tilapia, der sehr anspruchslos und vor allem ohne Zusatzfutter zu ernähren ist. Deshalb wird er auch gerne im Rahmen von Entwicklungshilfeprojekten gezüchtet, die in der Dritten Welt die Ernährung der Menschen mit Eiweiß verbessern wollen. Sein einziger Nachteil: Er hat es gerne mollig warm. Die Schweizer Tüftler wollen dafür die Abwärme städtischer Gebäude nutzen.

## Urbane Landwirtschaft weltweit

Was in Europa angesagt ist, um sich (noch) gesünder und umweltbewusster zu ernähren, ist in anderen Teilen der Welt dringend erforderliche Überlebensstrategie. Seit 2008 leben weltweit mehr Menschen in Städten als auf dem Land. Es gibt Prognosen, dass es schon im Jahr 2025 80 Prozent sein werden, weil nur die Städte genügend Jobs bieten. Schon jetzt lebt in den meisten Entwicklungsländern mehr als die Hälfte der Stadtbevölkerung unter der Armutsgrenze, ist von chronischem Hunger bedroht, und selbst wenn die Ernährung ausreicht, ist diese oft schlecht. Brechen Hungersnöte aus, dann sind die städtischen Armen davon am stärksten betroffen. Gleichzeitig schreitet der Klimawandel voran, der in Zukunft vermehrte Hungersnöte noch wahrscheinlicher macht. Angesichts dieser Tatsache rückt das urbane Gärtnern immer mehr in den Fokus.

Dabei wird es vielerorts bereits in unterschiedlichem Umfang praktiziert. In den Städten armer Länder wird oft jede Brache von den Nachbarn für den Anbau von Nahrungsmitteln genutzt, die rechtlichen Eigentumsverhältnisse sind dabei oft Nebensache. Die „Guerilla-Gärtner" der Dritten Welt bepflanzen Hinterhöfe, Straßenraine, Ufer und Parks, stellen Pflanzkübel auf, wo immer es nur geht, ziehen auf ihren Dächern Kaktussetzlinge und in Appartements Geflügel. Dakar, die Hauptstadt des Senegal, versorgt sich so nach Schätzungen des RUAF (International Network of Resource Centres on Urban Agriculture and Food Security) zu 70 bis 80 Prozent mit Gemüse, Accra (Ghana) sogar zu 90 Prozent. Sogar Hongkong, die am dichtesten besiedelte Stadt der Welt, verbirgt eine solche Menge von agrarischen Kleinstbetrieben hinter ihren glitzernden Fassaden, dass der Gemüsebedarf zu 45 Prozent gedeckt wird, dazu kommt ein beträchtlicher Anteil an der Produktion von Eiern sowie Hühner- und Schweinefleisch. Ähnlich sieht es in Shanghai und Peking aus. In Bangkok werden sogar 60 Prozent des Stadtgebietes agrarisch genutzt und in Kairo soll es über 80.000 Kühe geben. Dass in den Städten oft auf verseuchten Böden angebaut und mit belastetem Wasser gegossen wird – was im Extremfall eine Choleraepidemie auslösen kann – und das enge Zusammenleben von Mensch und Tier in Hinterhöfen Krankheiten wie die Vogelgrippe begünstigt, ist eine der Schattenseiten. Allerdings gefährden beständig steigende Bodenpreise diese Selbstversorgung.

Von Lima bis Peking
Das RUAF (International Network of Resource Centres on Urban Agriculture and Food Security) ist eine Stiftung, die unter anderem von der EU und der UNDP (United Nations Development Program) gestützt wird und die agrarischen Aktivitäten in 21 Megacitys in Südamerika, Afrika und Asien koordiniert und fördert.

In Äthiopiens Hauptstadt Addis Abeba etwa begannen in den 1950er-Jahren arme Familien die Ufer der Flüsse zu okkupieren und dort Gärten anzulegen. Ihre Überschüsse verkauften sie auf den Märkten ihrer Stadtviertel, wo es zuvor oft überhaupt kein frisches Obst und Gemüse gab, weil sich der „Import" nicht lohnte. Die Gärten am Fluss entwickelten sich zu beliebten Treffpunkten der armen Bevölkerung. Inzwischen jedoch ist die Bevölkerung massiv gewachsen und die Stadtverwaltung hat auf einem Teil der Fläche neue Wohnungen gebaut. Die restlichen Gärten sollen legalisiert und verpachtet werden, was sich die bisherigen Nutzer jedoch nicht leisten können. Manche Beobachter befürchten, dass die Gärten über kurz oder lang verschwunden sein werden. Das bedeutet auch, dass die Gärtner ihr Einkommen und die Anwohner ihre grünen Treffpunkte verlieren und auf den lokalen Märkten das Angebot an erschwinglichen Frischwaren sich wohl verschlechtern wird.

**Konzept für die Zukunft?**

Derzeit sind schätzungsweise 800 Millionen Menschen – oder 12 Prozent der Weltbevölkerung – in die urbane Landwirtschaft involviert. Sie ernähren jedoch nur 700 Millionen Menschen, was zeigt, dass die überwiegende Anzahl der „Betriebe" Haus- und Kleingärten sind, die nicht einmal den Eigenbedarf der Gärtner vollständig decken. Während in den afrikanischen Städten teilweise 90 Prozent der Bevölkerung „irgendwie" gärtnern, arbeiten in Asien meist weniger Menschen in der urbanen Agrarwirtschaft, die dafür intensiver und kommerzieller betrieben wird. In Shanghai sollen es 2,7 Millionen „Stadtgärtner" sein, was ein Siebtel aller Einwohner oder ein Drittel aller Arbeiter in der Stadt ausmachen würde. Oft ist die urbane Agrarwirtschaft ein Ausweg für die, die sonst wenig Chancen am Arbeitsmarkt haben: Ungelernte, arbeitslose Jugendliche, allein erziehende Mütter, Kranke und Behinderte. Gerade Frauen bauen sich auf diese Weise oft auf kleinstem Raum und mit geringsten Mitteln einen Zusatzverdienst auf.

Immer mehr Kommunen und Regierungen beginnen zu begreifen, dass das Gärtnern in der Stadt unentbehrlich für die Nahrungsmittelsicherheit der Zukunft ist. Sie richten Behörden ein, die die Aktivitäten koordinieren und fördern sollen. Es geht darum, das städtische Gärtnern effektiver zu machen, neue und bessere Formen zu finden, die Risiken in Hinblick auf Schadstoffbelastung und Krankheiten zu minimieren und auch das Müllproblem in Angriff zu nehmen. Denn über die Hälfte der Müllberge, die den Städten oft riesige Probleme bereiten, bestehen aus organischem Material, das kompostiert und wiederverwertet werden könnte. Dies alles hat oft nicht mehr viel mit klassischen Kleingärten zu tun. Andererseits sind Kleingärten neben Haus- und Gemeinschaftsgärten und kleinen kommerziellen Betrieben ein wichtiger Faktor, denn man möchte schließlich bewusst keine neuen Agrarfabriken schaffen, für die in den Städten ja auch gar kein Platz wäre. Es sind dieselben Ziele wie zu Beginn der Kleingartenbewegung, die die Vorreiter der urbanen Gartenwirtschaft erreichen wollen: Nahrungsmittelsicherheit, sinnvoller Einsatz von Arbeitskraft und Erholung im Grünen, gerade auch für die unterprivilegierten Schichten.

*Gärtnern in der Stadt ist ein erprobtes Rezept und offensichtlich beginnt damit ein anderes Leben. Das 21. Jahrhundert zu begrünen wird unsere Gesundheit fördern, unsere Wirtschaft stabilisieren und uns alle näher zusammenbringen, wenn wir uns im Garten treffen.*

Jac Smit, Gründer des Urban Agriculture Netzwerkes (TUAN)

# Städte ohne Hunger in São Paulo

Mit fast 20 Millionen Einwohnern ist die Metropolregion São Paulo der größte industrielle Ballungsraum Lateinamerikas und einer der größten weltweit. Und wie in vielen dieser Megacitys liegen dort Glitzerfassaden und Slums, in denen Hunger ein alltägliches Problem ist, direkt nebeneinander. Können Gärten Abhilfe schaffen?

## Hilfe vor Ort

Der Deutschbrasilianer Hans Dieter Temp war drei Jahre lang Koordinator des städtischen Programms für urbane Landwirtschaft, dann beschloss er 2004, auf eigene Faust zu handeln. Seine Organisation „Städte ohne Hunger" (www. cidadessemfome.org) verhandelt mit den Eigentümern brach liegender, in der Regel vermüllter Flächen in den Armenvierteln der Stadt.

Sind die Flächen nicht belastet und die Eigentümer bereit, sie zu angemessenen Bedingungen zur Verfügung zu stellen, dann treibt „Städte ohne Hunger" Gelder von Privatleuten, Unternehmen und öffentlichen Insitutionen ein, um dort einen Garten – der zu großen Teilen ein Gemüseacker ist – anzulegen. Dann erst wird in der Nachbarschaft nach Gärtnern gesucht. Gegärtnert wird wie in vielen solcher Projekte ökologisch. Trotzdem sind die Produkte nicht für die Reichenviertel São Paulos bestimmt, sondern werden in der unmittelbaren Nachbarschaft verkauft. Der Erlös wird unter den Beteiligten je nach Arbeitseinsatz geteilt.

### Spenden für den Start

Auf Spendengelder sollen die Gärten nur im Aufbau angewiesen sein. Nach spätestens 18 Monaten – so das Ziel – sollen die einzelnen Projekte selbstständig und wirtschaftlich arbeiten. Mittlerweile gibt es über 20 Gärten, in denen etwa 660 Menschen arbeiten, die mit ihrer Arbeit weitere 2700 Menschen aus der näheren Umgebung ernähren.

Für sein Wirken erhielt das Projekt „Städte ohne Hunger" 2010 den Nachhaltigkeitspreis Dubai International Award for Best Practices. Diese Ehrung wird alle zwei Jahre an zehn Projekte vergeben, die sich für die Verbesserung der Lebensbedingungen in Städten einsetzen. Kriterien für die Auswahl sind dabei unter anderem Integration und Nachhaltigkeit.

*Das Projekt „Städte ohne Hunger" erhielt in Dubai 2010 den Nachhaltigkeitspreis.*

# REGISTER

# Danksagung

Verlag und Redaktion bedanken sich ganz herzlich für die großzügige Bereitstellung von Bildmaterial und Informationen bei Diana Young und Nicole Milner (www.karllinn.org), bei Donald Loggins vom Liz Christy Community Garden (www.lizchristygarden.us), bei Hervé Mondon von Forez Info (www. forez-info.com), bei Victoria Rawlings, Kuratorin des First Garden City Heritage Museum (www.gardencitymuseum.org), bei Hans Dieter Temp der Organização Cidade sem Fome (www.cidadessemfome.com.br), bei Anne Haertel vom Interkulturellen Garten Lichtenberg und bei Richard Reynolds von www.guerrillagardening.org.

# Bildnachweis

Umschlagfoto vorn: Shutterstock Images; Seite 2: picture alliance/Mary Evans Picture Library; 7: Shutterstock Images; 9: The Library of Congress; 10: picture alliance/akg-images; 11: picture alliance; 12/13: picture alliance/akg-images; 14: Shutterstock Images; 15: picture alliance/akg-images; 16 Hintergrund: Shutterstock Images; 16: picture alliance/united archives; 17: picture alliance/Bibliographisches Institut/Professor D. H. Wilhelmy; 18: picture alliance/akg-images; 21: picture alliance/ akg-images; 23: picture alliance/imagestate/HIP; 24: picture alliance/akg-images; 26: picture alliance/ akg-images; 27: picture alliance/akg-images; 28: Shutterstock Images; 29: picture alliance/maxppp; 34: Klosterfrau Gesundheits-Service; 35: Pixelio/Gerhard Giebener; 36: picture alliance/Bildagentur Huber; 37: Wikimedia Commons; 38: twinbooks, München; 39: Shutterstock Images; 40: twinbooks, München; 41: Wikimedia Commons; 43 Hintergrund: Shutterstock Images; 43or: twinbooks, München; 43ol: The Library of Congress; 43Mr: twinbooks, München; 43Ml: The Library of Congress; 43u: picture alliance/Mary Evans Picture Library; 44: picture alliance/Mary Evans Picture Library; 45: picture alliance/WILDLIFE; 46: twinbooks, München; 47o: Pixelio/Marco Barnebeck; 47u: picture alliance; 48/49: picture alliance/Mary Evans Picture Library; 50: Wikimedia Commons; 51: picture alliance/Mary Evans Picture Library; 52: picture alliance/imagestate/HIP; 53: Shutterstock Images; 54: Wikimedia Commons/The City College of New York; 55: Wikimedia Commons; 57: picture alliance/akg-images; 58: Wikimedia Commons; 59: picture alliance; 60: The Library of Congress; 61: Shutterstock Images; 63: twinbooks, München; 64: Forez Info (Saint-Etienne); 65: picture alliance/ maxppp; 66: picture alliance/akg-images; 67: twinbooks, Munchen; 70: picture alliance/akg-images; 72: picture alliance/akg-images; 73: picture alliance; 76: Wikimedia Commons/Doris Antony; 77: Wikimedia Commons/Doris Antony; 78: First Garden City Heritage Museum (www. gardencitymuseum.org); 79: picture alliance/Mary Evans Picture Library; 81: picture alliance/Mary Evans Picture Library; 83: Gerstenberg Verlag; 84: twinbooks, München; 85: twinbooks, München; 86 Hintergrund: Shutterstock Images; 86: The Library of Congress; 87: The Library of Congress; 89: picture alliance/Süddeutsche Zeitung Photo; 91 Hintergrund: Shutterstock Images; 91o: Shutterstock Images; 91ul: The Library of Congress; 91ur: The Library of Congress; 92 Hintergrund: Shutterstock Images; 92: picture alliance/The Advertising Archives; 93: The Library of Congress; 94: picture alliance/akg-images; 95: twinbooks, München; 96: The Library of Congress; 97: twinbooks, München; 99: picture alliance/akg-images; 100: picture alliance; 102: picture alliance/ akg-images; 103: picture alliance/akg-images; 104: picture alliance; 105: picture alliance; 106/107: Mary Evans Picture Library; 108: twinbooks, München; 109: picture alliance/Mary Evans Picture Library; 110: Shutterstock Images; 111: Shutterstock Images; 113: picture alliance/akg-images; 114: picture alliance; 115: picture alliance; 116: picture alliance; 117: twinbooks, München; 118: Shutterstock Images; 119: Shutterstock Images; 120 Hintergrund: Shutterstock Images; 120o: Shutterstock Images; 120M: Shutterstock Images; 120u: Shutterstock Images; 123: Pixelio/Dieter Schütz; 125: picture alliance/akg-images; 126: Shutterstock Images; 127: picture alliance/botanikfoto; 128: Stadt Neunkirchen; 129: Shutterstock Images; 130: twinbooks, München; 131: Shutterstock Images; 132: Shutterstock Images; 133 (2): twinbooks, München; 135: Shutterstock Images; 137: Shutterstock Images; 138: picture alliance; 139: twinbooks, München; 141: Wikimedia Commons/Viault; 143: picture alliance/Michael Schwan; 144: picture alliance; 146: picture alliance; 147: picture alliance; 149: picture alliance; 150: The White House/Samantha Appleton; 151: The White House/Chuck Kennedy; 152/153: picture alliance; 154: twinbooks, München (Ina Gärtner); 155: Shutterstock Images; 156: picture alliance/Photoshot; 157 (2): Donald Loggins (www.lizchristygarden.us); 159: picture alliance; 160: picture alliance/KEYSTONE; 161: picture alliance/africapic; 162: Diana Young (www.karllinn. org); 163: Verona Fonte (www.karllinn.org); 164: Shutterstock Images; 165: Shutterstock Images; 166: Shutterstock Images; 167 (4): Interkultureller Garten Lichtenberg; 168: picture alliance; 169: Richard Reynolds (www.guerrillagardening.org); 170: picture alliance; 171: twinbooks, München; 172: picture alliance; 173: Bundesverband Deutsche Tafel e.V.; 174: picture alliance; 175: picture alliance; 176: picture alliance; 178: twinbooks, München (Ina Gärtner); 179: twinbooks, München (Ina Gärtner); 180: Shutterstock Images; 181: picture alliance; 183: picture alliance; 186: Hans Dieter Temp (www. cidadessemfome.com.br); 187: Hans Dieter Temp (www.cidadessemfome.com.br).

## Die Geschichte der großen
## Warenhäuser und ihrer Familien

Birgit Adam
Alles, was das Herz begehrt!
Von Wunderkammern und Konsumtempeln
192 S. · ISBN 978-3-8369-2739-0

Prunkvolle Gebäude mit Lichthöfen, Aufzügen und Rolltreppen, Waren aus aller Welt in Hülle und Fülle und ein Publikum, das vom Adel bis hin zum einfachen Volk reichte: Als Mitte des 19. Jahrhunderts in Frankreich die ersten Warenhäuser eröffneten, waren sie Sensationen auf allen Ebenen. Mit neuen und revolutionären Verkaufsmethoden ermöglichten sie es nun auch Normalverdienern, sich besser zu kleiden und zu ernähren. Doch wie entstanden diese Konsumtempel?
1852 öffnete in Paris das erste Warenhaus seine Türen: Bei „Le Bon Marché" wurde das Einkaufen zum Erlebnis – und schon bald wurde der Shopping-Tempel zum Vorbild für etliche Warenhäuser in Europa und in der Neuen Welt.